買いたい空気のつくり方

How to Create an Atmosphere to Make You Feel Like Buying

電通S.P.A.T.チーム編

Edited by Dentsu Shoppers Promotion And Tactics Team

まえがき

「人気ゲーム機が限定販売される」というチラシが土曜の朝刊に折り込まれていた。父親の威厳挽回のチャンス到来とばかり、開店前から総合スーパーの入り口に並んだ。「抽選で90台販売」に対し、開店30分前だというのに2倍近い長蛇の列。幸運にも当選し、運よく手に入れ勇んで家に駆け帰った。入手困難なモノを手に入れたという達成感に父親としての面目躍如が重なり、買い物から得られる便益の大きさを実感した……

生活者を売り場へと駆り立てる仕掛けや工夫は、小売業にとって重要な課題だ。タイムセールや「まぐろの解体ショー」などのデモンストレーション販売、ポイントデーなど、「買い物心を刺激する販促アイデア」と、それを「魅力的に伝える情報伝達力」、そしてなによりも「魅力的な商品」の3つの要素の融合こそが、買い物を楽しくさせる原動力となる。

いま、買い物の形態が大きく変貌している。しかし、「買い物心をくすぐり、満足のいく買い物を提供する」という本質は変えてはならない。同じモノなら安いほうがよいかもしれないが、買い物という行為には、単に金銭のやりとりだけでは得られない価値があることを忘れてはならない。

昨年、10年以上苦楽をともにした愛車と別れるときがきた。私は意を決して自動車販売店に赴いた。かつて、自動車購入は販売店とユーザーとの駆け引きの場、まさに価格商談中心の戦場といわれ、値引きやオプション装備でいかに得な買い物をするかが勝負になっていた。

販売店に行ってみて驚いたのは、接客の仕方が様変わりしていたことだ。価格商談以前に、主な用途やカーライフスタイル、さらには家族に合わせた提案があり、コンサルタントのような接客に、私はクルマ以上に販売員の話術に惹かれてしまった。

商談スペースでは、飲み物のサービスはもちろん、デザートまで用意されていた。考えてみれば、自動車は住宅に次ぐ2番目の高級耐久消費財である。しかも、約7年ごとに買い替えが繰り返される生涯価値商材である。それを考えれば、一度獲得した顧客との関係づくりは、販売員のみならずお店にとっても大きな資産となる。クルマは年々モデルチェンジされ、トレンドも変化するが、「次もこの人から買いたい」、「このお店で買いたい」と思わせることが商品価値以上に重要になるのだ。

　消費者が「買いたいと思うお店や空気」は偶然できるものではなく、購買行動の綿密な観察・分析から、コンタクトポイント設計〜メッセージ開発、ブランディング、C to Cコミュニケーションの活用など、さまざまな取り組みを統合して初めて生み出されるものである。

　そして、そうした研究や知見をひとつのかたちにまとめるべく結成されたのが、電通　消費者研究センターとプロモーション営業推進局のコラボレーションをベースに、流通・消費者購買行動に関する専門家とのネットワークで構成された電通S.P.A.T.チームであり、消費者の購買行動を科学的に解明・分析し、売り場に潜むさまざまな課題解決を図ることを目標としている。

　本書の前半では、インターネットに代表される情報化をポイントに、商品の認知から購入にいたるストーリーのつくり方に焦点をあて、後半では、顧客との良好な関係づくりにフォーカスし、セルフ販売とコンサルティング販売のそれぞれのメリットを融合し、「買いたい空気」を醸成する新しい売り場づくりのノウハウを探った。

　　　　　　　　　　　　　　㈱電通　プロモーション営業推進局局長　村井知哉

買いたい空気のつくり方
How to Create an Atmosphere to Make You Feel Like Buying

目　次

Chapter 1
消費2.0の時代〜消費者の実像を探る　　1

1　消費者心理の最前線

「だれもが参加、だれもが主役」の消費社会	2
一様には低下しない消費への関心	3
分散化する消費	4
消費は階層化するのか	6
高まるメリハリ志向	7
世代のタテ糸×欲求のヨコ糸	8

2　消費2.0の時代〜「個衆」から「結衆」へ

消費2.0時代の到来	9
「個衆」から「結衆」へ	10
「結衆」を動かすヒント	11
5つの消費力学	12

Chapter 2
購買行動の変化　　17

1　AIDMAからAISASへ

AIDMAからAISASへ	18

| 2つのS（Search & Share） | 20 |

2　購買行動ビッグバン

購買を誘発する情報のつくり方	21
生活者の価値観と選択の尺度	22
購買の経験と学習	27
52週MD（マーチャンダイジング）のマンネリズム	28
売れ筋をつくるマーケティング	30
専門家に聞く①売るためのさまざまな試み ──「チェーンストアエイジ」編集長　石川純一氏	31
消費者は「安さ」だけを求めているのではない	33

3　情報メディアの進化によって購買行動が変わる

台頭する消費者メディア	34
メーカーの声より第三者の声	35
拡大するCGMの影響	35
Eコマースの隆盛	36
既存流通小売業の対応	37
ショールーム化する売り場	37

Chapter 3
情報視点からみる売りのメカニズム　39

1　売る環境を創出するコンタクトポイント

コンタクトポイントで定量的に購買行動をとらえる	40
コンタクトポイントの役割	42
コラム●位置情報連動型携帯ソリューション「コレどこ」	45

コンタクトポイントを使った仕掛け	48
コンタクトポイント設計のキーワード	51
専門家に聞く②メーカーと流通による効果的な共同販促のヒント 　　――創価大学教授　渡辺隆之氏	53
「買われ方調査」にみる店頭の役割	55
購買行動の観察調査におけるコンタクトポイントの役割	57
業態別に異なる店頭コンタクトポイントの役割	58
コラム●インターネットが核となるWeb2.0時代の売り場と情報開発 　　――株式会社ビジュアルソウケン　宇都宮吉宏氏	58

2　売れる店の売れる仕掛け

購買までのストーリーを描く	62
購買ストーリーを描くツール	63
POPなどで購買ストーリーを描く	64
コラム●高付加価値と値引き～正反対の概念の両立	66
売り場のマグネット力	67
マグネット力を継続させるさまざまな方法	68
情報編集力とマグネット力の組み合わせ	69
専門家に聞く③今後の売り場動向 　　――ニューフォーマット研究所主宰　日野眞克氏	69
ストーリー編集力とマグネット力の継続	71
専門家に聞く④「購買行動とプロモーションデザイニング」の最前線 　　――九州大学大学院 芸術工学研究院教授　清須美匡洋氏	73
ストーリー編集力とマグネット力の継続をつくり出す＃ステップ1 ～売り場情報の整理とプライオリティー付け	74
ストーリー編集力とマグネット力の継続をつくり出す＃ステップ2 「自分ゴト化」によるメッセージのつくり方	79

3　インフォメーションミックス

情報編集力やマグネット力の壁	83
壁を超える「垂直立ち上げ」	83

専門家に聞く⑤アメリカにおける流通・小売業界の大変革
　　　　──財団法人流通経済研究所顧問　池本正義氏　　　　　　　84
　「情報パズル」のピース　　　　　　　　　　　　　　　　　　　86
　売り場の力学～コミュニケーション企画の前提　　　　　　　　　87
　　　コラム●家電流通の力学に関する考察
　　　　──有限会社フィック代表　得平　司氏　　　　　　　　　89
　「情報パズル」のピースづくりの手順　　　　　　　　　　　　　90
　情報編集力やマグネット力の壁　　　　　　　　　　　　　　　　93
　「壁」を壊す試み（電通B‐MAX）　　　　　　　　　　　　　　94
　　　専門家に聞く⑥卸売業の立場からみた小売業の変革ポイント
　　　　──株式会社あらた専務執行役員
　　　　　株式会社インストアマーケティング代表取締役社長　徳倉英雄氏　96

Chapter 4
購買行動から発想する売り場づくり　　　　　　　　　　　　99

1　売り場から掘り起こす売りのヒント

売り場の見える化	100
買い物客ウォッチング	100
アイカメラによる視線解析	101
POS分析とFSP分析	102
売り方実験	103
価格プロモーション	104
AISASモデルによる効果予測	105

2　消費者（コンシューマー）をパワーカスタマーに

消費者との良好な関係づくりが「AISAS」のカギを握る	107
企業と消費者の「協働マーケティング」	108
ユーザー巻き込み型の商品開発 ～「カフェグローブ・ドット・コム」の事例	109

気持ちにフィットする価値優先のマーチャンダイジング～「ランキンランキン」の事例	110
コラム●商品・売り場区分から参加者区分の売り場づくりへ ——株式会社ビジュアルソウケン　宇都宮吉宏氏	112
絆づくりのマーケティング	113
安全・安心の絆をつくる	114
コラム●絆づくりは特典・特定系から共感・魚群系へ ——株式会社ビジュアルソウケン　宇都宮吉宏氏	115

Chapter 5
セルフ販売とコンサルティング販売の融合　117

1　高度化するセルフ販売

セルフ販売とコンサルティング販売	118
「販売の科学」の成長と発展	119
セルフ販売の現状	121
高度化するセルフ販売〜コンサルティング販売ノウハウの活用	124

2　コンサルティング販売とは

コンサルティング販売の広がり	127
コンサルティング販売の定義	127
生活者の消費意識・心理的負担度からの考察	130
消費者行動プロセスからの考察	132
コンサルティング販売のマーケット	137

3　コンサルティング販売のシークエンス

コンサルティング販売のシークエンス	141
●新規顧客へのアプローチと顧客情報の収集	142

●顕在・潜在ニーズの発見	144
●情報提供のポイント	145
●提案のポイント	146
●クロージングのポイント	148
●顧客リレーションのポイント	149

4 コンサルティング販売におけるノウハウ構築のポイント

コンサルティング販売に活用されうる4つの力	152
店舗現状調査にみる課題	153
店舗の活用テクニックとノウハウにつながる仮説	156
マネジメントによる販売テクニックとノウハウにつながる仮説	166
コミュニケーションテクニックとノウハウにつながる仮説	170

Chapter 6
Sales Chemical Model にみる変革のポイント　　173

1 顧客起点の新たな販売ノウハウ

Sales Chemical Model（9つの大切な「C」）	174
店舗ビジネスの基本	177

2 セルフ販売とコンサルティング販売の化学反応

セルフ販売×コンサルティング販売	179
ISM概念とコンサルティング販売	179
VMDとコンサルティング販売	181

ix

3　本部と店舗の化学反応

本部と店舗の役割分担	182
本部戦略とエリア戦略	183
コーポレートブランディングとストアブランディング	184
本部から店舗へのESアップ、モチベーションコントロールの重要性	185
店舗の顧客と本部の顧客	185

4　顧客と店舗の化学反応

イレギュラーオペレーションへの対応	187
来店顧客属性に合わせた店舗づくり	187
顧客動線のコントロールによる情報接触ポイント・接客ポイントの最大化	188
顧客による店舗の成長（進化）と顧客のロイヤルティーアップ	189
顧客の声の集め方	190

5　顧客と店舗スタッフの化学反応

顧客管理の逆転の発想	191
顧客紹介の獲得の科学	192
セールストークとコンプライアンス	192

6　コミュニケーションの化学反応

マスコミュニケーションと店舗コミュニケーションやVMDとの連動	194
コンサルティング販売におけるマスコミュニケーションの役割	195
営業ツールとバーチャル商品	195

7 販売の高度化を実現する化学反応7つの法則

科学と化学を顧客起点で掛け合わせる	197
①価格は売りのファイナルアンサーにはならない！	198
②お店の主役は商品ではなく、お客様である！	199
③販売は、売りたいヒトと買いたいヒトのコミュニケーションである！	200
④インフォメーションとコミュニケーションとはまったく違うものである！	201
⑤接客はイレギュラーの連続、マニュアルを超えた対応に化学反応がある！	202
⑥CSとESを連動させたポジティブなスパイラルから利益が生まれる！	203
⑦店舗や販促ツールなどのデザインはおもてなしのココロである！	204

あとがき　　　　　　　　　　　　　　　　　　　　　　206

Chapter 1

消費2.0の時代
～消費者の実像を探る

　これまでは「商品は売るモノ」であったが、これからは「商品は買うモノ」になる。個人消費の低迷をめぐってはさまざまな議論があるが、そもそも、商品やサービスを提供する側は多様化した消費者のニーズを的確につかんでいるのだろうか。
　たとえば、モノの消費よりも、旅行などの娯楽、保険・医療などのサービス消費が伸張しているが、その理由は、消費者が元気や健康、安心を求めているからだ。そして売り場には、ネットショッピングでは得られない接客サービスや、心地よく、ときには刺激的な店舗空間が求められている。
　いま、供給側主導だった「売り場」は消費者基点の「買い場」へと変わりつつある。Chapter1では、消費者心理の変化をベースに消費者の実像を描き、その攻略ポイントを探ってみたい。

1 消費者心理の最前線

「だれもが参加、だれもが主役」の消費社会

　ネットによるコミュニケーション技術の進化は、消費者の情報交換・共有の限界を拡大した。目標達成に必要な情報やノウハウを入手する時間やコストは低減化しつつある。

　ポジティブに考えれば、消費者自身が暮らし方を探索し、同時に情報発信していく消費社会の姿がみえてきたといえよう。提供されるモノを消費するだけでなく、生産から消費、そして廃棄にいたるまで関心を持ち続け、一連の流れを「承認」するというスタンスが徐々に広がりつつある。そしてそこでは、自らの描く自分らしさや自己実現をめざして「だれもが参加、だれもが主役」となるであろう。

　有機栽培野菜やハイブリッドカーなど、ひと昔前には身近ではなかったモノやサービスを利用して、自分にふさわしい生活を組み立てる。住宅についても、従来は所得やローン設定限度に見合ったコストパフォーマンスで住居形態や地域を決定していたが、現在では、建築デザインやインテリア、付帯設備そして教育環境にまで目を凝らす。そして、住み替えにおけるリセールバリューも考慮し、場合によっては賃貸住宅を選択することもありうる。消費者自身が、新たな選択基準を設定し、付加価値を高める消費を行うようになってきているのである。

　その一方、女性の社会進出率が高まるにつれて家事や育児の分担が課題となり、女性起業家による家事代行サービス、自らの経験に基づく中高年主体の介護サービスなど、新たなニーズへの対応が発生している。

　また、日常生活におけるリスクが強く認識され、各種の安全性や環境問題についての関心も高まっている。その結果、リスク対応ビジネスが成長を示しているが、ITを活用したトレーサビリティーやネットワークによる情報交

換を通して、消費者自らが課題対応する余地が広がっているのも新しい動きといえよう。

一様には低下しない消費への関心

　景気回復の基調持続によって、全体的な消費意欲は現在も比較的高水準にある。電通が隔月で実施している「消費実感調査」の代表的なインジケーターである"消費マインド指数"（いくつかの消費分野への支出意欲や景気観・雇用感などの合成指標）も、2002年末以降、基本的には改善傾向をたどってきている。

　しかし、最近の消費マインドの高まり方は、1960年代の高度成長期や80年代後半のバブル期のような一様さとは異なっており、消費者個々人ごとの重点の置き方の相違が広がっているように思われる。

　消費者研究センターでは、2006年8月に消費とコミュニケーションの現状を把握するための調査を実施した＊。そのなかで「ここ1、2年での（25分野別）消費への関心の変化」をみると、「旅行」、「健康関連」、「家電・家具」といった分野における関心の増大が目につくが、決して特定分野に関心が集中しているわけではなかった（図1-1）。こうした結果からも分かるように、消費において関心を持つ分野が多様化していることは事実であろう。「三種の神器」や「3C」、近年では「IT三種の神器（ゲーム機・パソコン・携帯電話）」といったキーワードが示すように、これまで、多くの人々が特定の商品分野に関心を寄せ、購入欲求を同時に持つ現象が発生してきた。しかし今後は、多くの人々が特定の商品へいっせいに関心を強めるような大衆的現象はほとんどみられなくなり分散方向に進むようにも思われるが、現実はもう少し複雑なようである。

＊調査概要　調査方法:郵送法（電通の調査パネル使用）　調査地域:首都圏（東京・神奈川・埼玉・千葉）　調査対象:20～60代の男女個人　サンプル数:1000ss　調査時期:2006年8月

図1-1 分野別消費関心上昇度

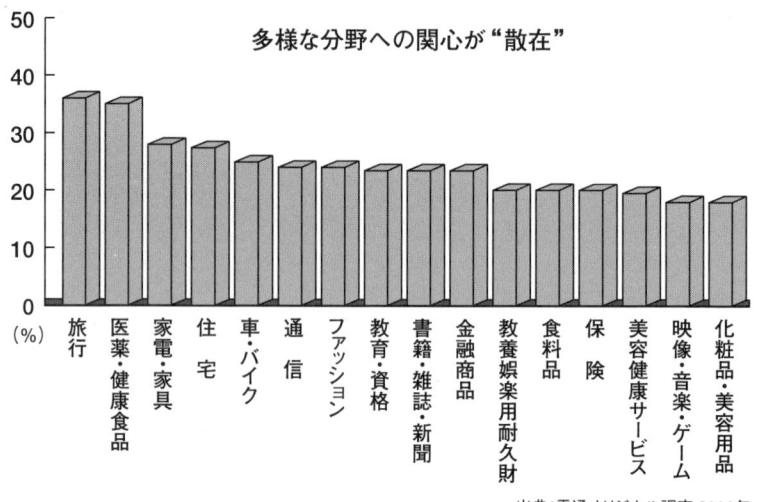

出典:電通オリジナル調査 2006年

分散化する消費

　消費に対する関心や支出の「分散化」について把握するならば、「タテの分散化」と「ヨコの分散化」の双方を視野に入れなければならない。「タテの分散化」とは、収入・資産格差や階層意識などによるいわゆる「階層化」であり、「ヨコの分散化」とは、趣味嗜好や生活スタイルの多様化にともなう「分裂化」、「おたく化」である。
　まず、「ヨコの分散化」について、先の調査において「マイナーな（≒おたくな）消費」の動向を調べてみたところ、マイナーである（周囲とは違う、同好の士が少ない）と自認する趣味嗜好を持つ人が全体の約30％、特に男性20代と男性60代では45％強に達していた。そして、「マイナー趣味」を持つ人は、全自由裁量活動のうちマイナーな趣味に30～40％の資金・時間を投入

していることが分かった（図1-2）。

「おたく消費」の中身に関して、このたびの調査結果をならしてみると、裁量部分の10～15％がマイナーな方向で消費されているようである。要するに、マイナー消費（ある意味でのロングテール**的消費）は、各人の1～2割というボリュームで確実に消費の一角を占めているが、逆にいえば、それが消費の大勢を占めているわけではない。

＊＊ロングテール＝あまり売れることのない、少数派の市場の商品のこと。従来は、最もよく売れる商品の上位20％が全体の売り上げの80％を計上している（パレートの法則）といわれてきたが、Eコマースにおいては、マイナーな製品の売り上げの合計が、最もよく売れている商品上位20％を上回る、一種の逆転現象が発生している

図1-2 裁量的消費における"マイナー消費"部分

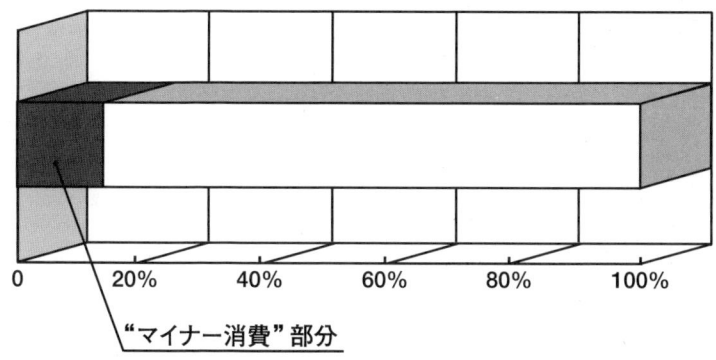

出典：電通オリジナル調査 2006年

消費は階層化するのか

　一方、「タテの分散化」についてはどうであろうか。これに関しては、先述の調査に興味深い結果があった。消費支出の意欲（引き締め意識の後退）は、実収入が多くなるほど、また、階層意識（5段階で意識を分類）が上昇するほど強くなる。この各結果はごく当然の因果であるといえるが、この両者を組み合わせ、

・実際の収入レベルよりも階層意識が高めな人＜オーバー意識層＞

・逆に実収入レベルよりも階層意識が低めの人＜アンダー意識層＞

・実収入レベルと階層意識がつり合っている人＜イコール意識層＞

の3層に分けて比較すると、消費支出意欲はほとんど横並びになってしまうのである（図1-3）。
　このたびの調査では、実収入と階層意識が乖離する人々（オーバー＆アンダー）が全体の半数ほど存在したが、「お金があるのに控えめ」、あるいは「お金がタイトでも意欲的」な人々によって、消費意欲レベルは、全体としては予想以上に平準化されてしまう傾向があるのだ。
　こうした結果を考えると、最近よく話題にされる実態面、あるいは意識面での「階層化」が進んだとしても、消費に関しても、支出意識や購入内容にまで階層的な分裂が進んでしまうと簡単に判断することはできない。
　もちろん、超高額商品については購入層が自ずと限定的になるが、日常生活において質の向上を図るような、若干高額な商品（薄型テレビや新型の洗濯乾燥機、ややグレードの高い旅行やホテルなど）に関するマーケティング戦略を練る場合には、階層性への対処について詳細な分析と検討が必要になろう。

図1-3　"階層×収入"による消費意欲の相違

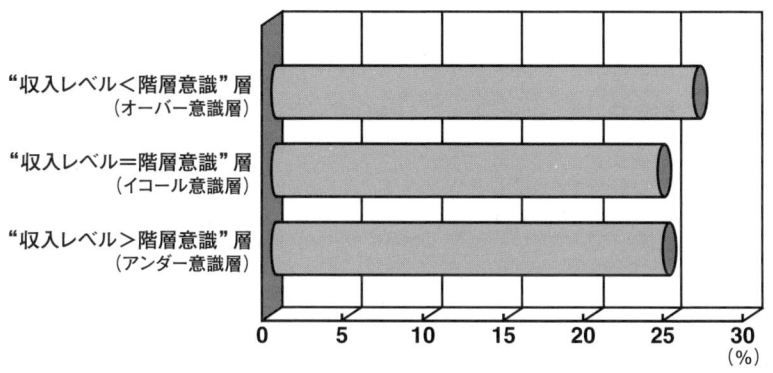

出典：電通オリジナル調査 2006年

高まるメリハリ志向

　おたく的な消費が一定程度の定着を示す一方で、書籍や映画の分野などを中心にメガヒットが発生するのが現在のスタンダードな状況である。比較的小規模な集団でのつながりを自分の拠りどころにするのが最近の消費者の傾向だが、その一方で、より大きな「メジャーイベントや話題」に乗ろうという欲求の高まり（＝事後的なマスボリューム）も健在のようである。
　こうした「新しいマス化」に関しては、デジタル化の大幅な進展によって、周囲で同じ選択をしている人が多いほどその価値が高まる「ネットワーク外部性」的意識やネット購買の場で共有されるデファクトスタンダード感が醸成され、均質性が強まった面もあろう。また、かつては選択型消費を担った商品カテゴリーにおいてコモディティー化が進み、選択関心度を低下させている層がみられることも影響しているだろう。
　いい換えれば、一般的には「成長欲求」の時代とみられるなかで、突然に

「欠乏欲求」が発生したり、「成長欲求」が磨耗したりという複雑な様相を示しているのである。現在の消費は、階層のような固定的分類でとらえられるものではなく、かなり流動的である。ネットの普及により、ある分野の情報を多層的に（マスコミから口コミまで）取り込むことが容易になり、一方で、消費者がメールやブログを通じて情報を回覧することもひんぱんに行われる。さらには、空間を超越して「おたく的同好の士」が結びつくことも、ある特定の話題に瞬時に群がることも自由自在にできるようになっており、それが、変幻自在な「大衆」を形成するバックグラウンドとなっている。

そうはいっても、個々人のなかの「関心」の総和は一定である（限度がある）と考えられ、その枠のなかで「ライトなイベント志向」と「ヘビーなおたく志向」が使い分けられ、メリハリをつけながら、交錯していく現実をていねいに把握していくことが求められる。

世代のタテ糸×欲求のヨコ糸

消費の流動性が高まっている分だけ、消費者にアプローチする側は手がかりを増やさなければならない。改めて、消費スタイルの基底をなす「世代特性」を切り口に考えることもそのひとつであろう。

近年最も注目を浴びている世代は企業からの退職期を迎えた団塊世代である。退職金需要という直接的な面もさることながら、かつて若者文化の興隆を担ったこの世代が新しいシニアライフを切り開くかどうかに関心が集まっている。

もうひとつのボリューム層として1971～74年生まれを中心とする団塊ジュニアにも再び注目が集まっている。男性の家事・育児参加など新しい家族スタイル・家族消費、一方では単身消費の担い手として重要な層である。

いま、「世代のタテ糸」に「欲求（動機）のヨコ糸」をクロスさせ、とらえがたい消費の実態、消費者の実像を描くことが求められている。大胆な洞察と細やかな分析という両方のマインドを持つことによって、この難しいテーマに応えることができるだろう。

2 消費2.0の時代～「個衆」から「結衆」へ

消費2.0時代の到来

　2006年を象徴するキーワードは「Web2.0」である。「Web1.0」が受信・検索を主としていたのに対し、Web2.0は共有・発信の次元へと発展する。その世界では、コンピュータのOS（オペレーティングシステム）のような知的資産でさえ公開され、"Winners take all（勝者だけがすべてを得る）"とは正反対の「開放」を前提に、ウエブ上のフリー百科事典「Wikipedia（ウィキペディア）」などに代表される「参加」が「動力」となる。

　それは、従来のルールや発想とは異なるものであり、経済やマーケティングの領域においては天動説と地動説ほどの相違があるといっても過言ではないだろう。

　そうした「開放的参加性」により、ブログがSNS（コミュニティー型ウエブサイト）というコミュニティーを形成したり、コンテンツが相乗的に「集合知」となるなど、共有・発信の度合いを高め、CGM（消費者発信型メディア）と称されるほどC to Cの影響力が無視できないレベルになってきている。

　いまのところ、バーチャル世界で積極的にユーザーレビューを書き込む人から、リアル世界におけるささやかな体験願望まで程度はまちまちだが、「私も参加できる、いざとなれば主役にだってなれる」可能性が担保された状態は、これまでとは比較にならない「参加型消費」を実現させた。

　このパラダイムシフトを「消費2.0～だれもが参加、だれもが主役」と呼びたい。

　「消費2.0」時代においては、消費者が情報を受信・検索するだけでなく、積極的に共有・発信するようになるため、単なる商品・サービスの消費にとどまらず、消費者が半ば勝手に「価値を創造したり、増幅したりする」割合が高まる。

「個衆」から「結衆」へ

　消費をめぐる人々の意識や価値観を振り返ってみると、高度経済成長期には、モノ信仰の「一元的価値観」が主流であった。その後の成熟期には、差別化・個性化が叫ばれ「少衆」化し、「多元的価値観」の時代となった。さらに、おたくに代表される「個衆」にいたったが、いまや「2.0」で自分の興味を追求する「マイブーム消費」と世の中の動向に敏感に反応する「ベンチマーク消費」が連結した「ネットワーク的価値観」の時代になってきていると考えられよう。

　そして、そうした価値観のネットワーク化で連結した個衆の集合体こそが「結衆」とも呼ぶべき「新たな大衆像」ととらえることができよう。大衆消費、マスマーケティング史上最も影響力を誇った団塊世代の数は約800万人。そして、日本最大のSNSであるミクシィの会員数はそれとほぼ同じか、それ以上に達している。

　SNS内のコミュニティーは、テーマや人脈によって細分化されているため、集団としてひとつのアクションを起こすわけではない。しかし、市場に多大な影響を与え、常に新しい流行・文化を切り拓いてきた最大ボリュームゾーンと同じ数の人間が、ゆるい関係ながらもつながっていることを考えれば、団塊世代のボリュームを代替する「塊」を感じずにはいられない。

　あるいはまた、2006年末に電通が行った調査＊＊＊で、「大衆といわれるような意識やライフスタイルを多くの人が共有している状況がまだあるか？」と質問したところ、45.3％の人が「ある」と回答した。また、「どちらともいえない」が27.3％で、「ない」の24.3％の倍近くに達した。さらに、「自分自身は大衆のひとりだと思うか？」と尋ねたところ、53.6％が「思う」と回答し、「時と場合による」と回答したのも28.2％であった。

＊＊＊調査概要　調査方法：質問紙による訪問面接　調査地域：東京30km圏　調査対象者：学生を除く18～69歳男女　サンプル数：645サンプル　標本抽出法：エリアサンプリング法　調査時期：2006年12月7～17日

2006年の「紅白歌合戦」も、往年に比べれば視聴率は下がっているものの、まだ4割近くの人々が視聴しており、サッカーのワールドカップが70％を超える視聴率を記録するなど、多様化、個性化の一方で集中化、一極化の動きも顕著になっている。つまり、どれだけ少衆・個衆の時代に移行しても、ヒトは社会的な生きものなので、世の中の動きと外れ過ぎることには不安を感じ、また、個性に自信が持てない人々も数多く、流行や社会の動向と無縁ではいられないのである。

　たとえば、ランキング情報を売りにしたサイトや「ランキンランキン(ranking ran Queen)」というショップが人気を集め（詳しくは110ページを参照）、また、最寄りの家電量販店などでも売上順位が掲示されるなど、世の中における人気や評価の把握は情報生活において基本的な行動パターンになっている。消費者はそうして、常に「自分のレレバント（関心）」と、「世の中のトレンド（流行）」を行き来しながら、個性化と大衆化という消費バランスを保っているのである。

「結衆」を動かすヒント

　では、どのようにすれば「マス化」が起こるのだろうか。たとえば、スキーのジャンプ競技でいえば、ある選手がジャンプ台から飛び出し、その軌道が高いままK点を越えようとするあたりから観衆も他の選手との違いを感じ、「これは行けるぞ！」となって一体化する。現在のマーケットにおいてもそれに近い現象が起きれば、マス的なヒットになるのではないか。

　ヒット不在といわれながらも、2000年以降の書籍のベストセラーをみると、『世界の中心で、愛をさけぶ』(2001年刊)、『バカの壁』(2003年刊)、『ダ・ヴィンチ・コード』(2005年刊)、『ハリー・ポッター』シリーズのいずれもが300万部以上のヒットとなっている。

　音楽シーンでも、2006年のアルバムチャートをみると、207万枚の『平井堅〜歌バカ』や176万枚の倖田來未『BEST』など、6位までがミリオンセラー（「ORICON STYLE」より）となっている。

こうしたヒット作品は、30万、50万を突破したあたりから雪だるま式に膨らみ、ミリオンセラーになると一気に社会現象化する特徴がある。そこには、大衆ならではの「押さえておきたい」心理が働くからであり、さらに、ドラマ化・映画化といった2次的な後押しが作用しているといった要因もあろう。
　一元的価値観の希薄化、価値観の多様化によって個衆化しているため、関心が連結するのに時間がかかる（ロングテール化）が、ネットなどにおけるランキング効果などにより、「K点越え」したモノがメガヒットにつながる別回路のインフラが形成されていると考えることもできるだろう。
　「消費2.0」時代においては、ネットワーク化によって価値が創造・増幅されたり、評価されたりする比重が高くなるため、「モノが売れない」、「従来の経済的指標ではみえてこない」のはある意味では当然のことであり、ヒット作品が生まれてくる経路が従来とは異なるのも自明であると思われる。

5つの消費力学

　新しい消費を読み解くカギは、「結衆」の特性を視野に入れ、ここにまとめたような5つの消費力学における「ストーリー要素」を多面的に押さえておくことだろう（図1-4）。それは、真の「消費者主権時代」に現実味を帯びさせるものであり、消費者と企業の新しい関係の到来を予感させるものであるといえよう。

①ドラマ展開力
　モノからコト、そしてココロへと価値観の重心が移行しているなかで、「モノがココロと結ばれるまでのプロセスがドラマを生み、価値を高める」。
　つまり、商品・サービスの購入時だけでなく、そのプロセスで発生する出来事のよしあしで価値が高まることもあるが、ときには下がってしまうこともある。それは、時間と手間を惜しまず、プロセスを含めた「文脈性」を重視する消費スタイルといえる。

図1-4　5つの消費力学

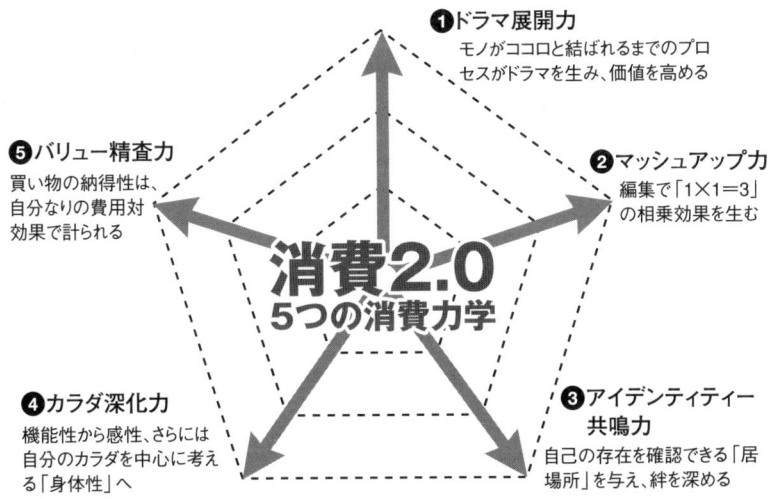

②マッシュアップ力

「マッシュアップ」とは、本来はコンピュータやヒップホップミュージックでよく使われる言葉であり、2つ以上の異なるものを掛け合わせることで、新しいモノにしてしまうこと。

特にイマドキの若者は、"キモカワイイ"や"エロカッコかわいい"といった言語感覚からも理解できるように、相反するベクトルの要素を、二重三重に編集して取り込んでしまう特技を持っている。

インターネットの普及で、離れていた「ヒト・モノ・カネ・情報」が出会うようになった。そこで、成熟感があるモノやブランドでも、従来なら結び付きそうもないものが掛け合わさることで、市場の飽和感を打破するケースが出現してきた。

編集しだいで「1×1＝3」になるような「相乗性」の高い消費スタイルである。

③アイデンティティー共鳴力

　2006年は大規模な国際スポーツイベントが相次ぎ、"○○JAPAN"として人々が一丸となる機会が多かった上、皇位継承問題から悠仁親王ご誕生、さらには北朝鮮核実験など、いつも以上に「国家」に対する関心が高まった年であった。また、身近なところでも、SNSという新たなコミュニティーが急拡大し、アイデンティティーを確認できる集団内の「絆」を深める現象が際立った。

　そうした傾向はおそらく、一過性のものではないだろう。国家に対する意識は高まらざるをえない状況にあり、グローバリズムに対する反動もあって、「和」の見直しも定着してきた。また、環境問題は実践と成果を求められるステージにあり、個人レベルでも「ワーク・ライフ・バランス」など、家庭に軸足を置く生活観が主流になりつつある。

　自分の居場所を確認し、つながって盛り上がるという、「連帯性」を求める消費スタイルである。

④カラダ深化力

　滅私奉公のごとく身を削って働いてきた消費者は、ごう欲なまでに自分を大切に思うようになっているし、日々のドラマを演じる"主人公"としては、すべての"資本"となるカラダの健康、鍛錬、美容が気になる。

　カラダを使った体験や自分のカラダへの関心が高まるなかで、「身体性」を基本とする消費スタイルである。

⑤バリュー精査力

　超高級品の登場、低価格帯商品のさらなる低価格訴求に対し、「一人内二極化」や「メリハリ消費」で対応する傾向がいっそう進んでいる。

　ネット時代には、売れ筋商品をウエブ上のさまざまなランキングから把握し、ユーザーレビューで本音を聞き、価格相場は株式並みに反映される。多量で多角的な情報を簡単に入手可能となった消費者は、ますます厳しい選択眼に基づき、自分なりの費用対効果で判断を下す。

　社会的な経済価値も、個人的なこだわり価値も、充実した情報環境のなかで、自分の「納得性」で決める消費スタイルである。

これまで述べてきたように、消費者が「価値を創造したり、増幅したりする参加型消費」の割合が高まれば、従来の市場調査や販売データだけでは、不規則かつダイナミックに変化する消費選好をとらえることは難しくなる。いまこそ、消費者の声や行動をじかに吸収するために、以下のChapterで述べるような、五感を駆使した消費研究が求められている。

Chapter 2

購買行動の変化

　いま、私たちの生活におけるインターネットの位置づけは非常に重要なものになり、消費者の購買行動にも大きな影響を及ぼしている。携帯電話やインターネットという新たな情報取得手段を手にした消費者は、商品の認知の段階から情報を取捨選択し、メーカーや流通が従来発信してきたメッセージとは異なる次元でやりとりされる「C to Cコミュニケーション（消費者間の対話、口コミ）」によって、商品やお店のよしあしを厳しい目で判断するようになっている。
　そうした変化に対応し、商品やサービスの効率的な訴求を行うためには、次々に登場する情報ツールの特性をふまえながら、適切なメディアやチャネルの組み合わせを考える必要もあるだろう。
　Chapter2では、消費者を取り巻く社会情勢や接触メディアの変化が購買行動をどのように変化させているのかをみていきたい。

Chapter 2

1　AIDMAからAISASへ

AIDMAからAISASへ

　新商品開発や価格競争が激化するなかで、商品の質が向上し、商品選択の幅が広がっている。新ブランドが次々に投入され、ブランドのリニューアルもひんぱんに繰り返される。そうしたなかで、売り場に目を転じると、飽和する商品と商品サイクルの速さ、比較対象カテゴリーの多種多様化による"迷い"が生じかねない状況になっている。このため、消費者にとって購入判断や検討材料となる情報がますます重要になっているのである。

　購買に必要なさまざまな情報が、人々の意識のなかでストーリー化され、やがて行動へと変わっていく。では、商品の比較検討～購入に必要な情報はどこにあるのか。いま、ウエブやモバイルを中心とした情報通信環境の発展により、意識と購入の狭間にある重要なコンタクトポイントとして、「検討」に注目が集まっている。従来のメガブランド戦略では、圧倒的なマインドシェアが直接購買行動を刺激していたが、昨今のマルチブランド戦略においては意識～購入の狭間に購買プロセスに大きな影響を与える重要なポイントがあると考えられている。

　これまで、消費者がある商品を知って購入にいたるまでのプロセスを示すモデルとしてメガブランド戦略全盛期によく用いられていたのが「AIDMA」モデルである（図2-1）。しかし、多品種少量生産と短期商品サイクルに代表されるマルチブランド戦略が主流の現在では、「記憶」してから購入する「AIDMA」から、「検索」や「情報共有」が大きな購入決定の要因となる「AISAS®」モデルに代わりつつある（図2-2）。このモデルは、Eコマース時代における新しい購買意思決定プロセスとなっている。

図2-1　AIDMAモデル

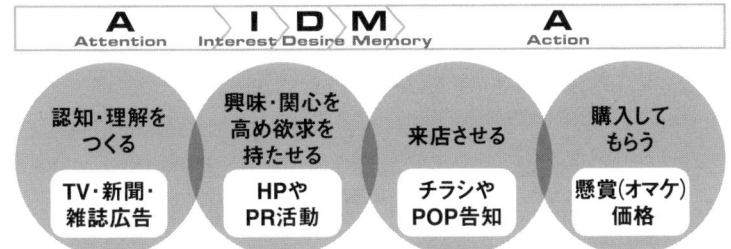

AIDMA（アイドマ）は、Attention（気づき）〜Interest（関心）〜Desire（欲求）〜Memory（記憶）〜Action（行動）の頭文字からきている。消費者が商品を知ってから購入するまでの心理プロセスモデル

図2-2　AISASモデル

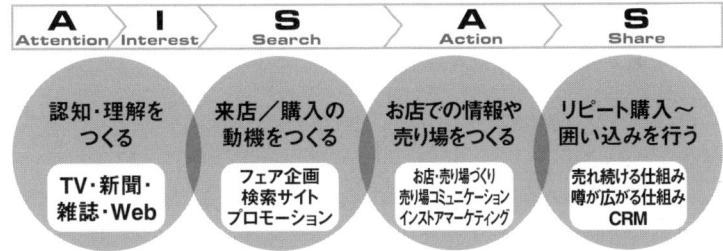

AISAS®（アイサス）は、AIDMA（アイドマ）に代わる新しい消費行動モデル。「Attention（気づき）〜Interest（関心）〜 Search（検索）〜Action（行動）〜Share（共有）」の頭文字からきている。インターネットをはじめ家庭におけるメディア環境が進化するなかで、情報を検索・比較検討したり、友人や仲間たちと共有するといった新しい生活者の行動を背景に電通が開発したモデル

2つのS（Search&Share）

　このなかで着目すべきポイントが「AISAS」モデルの2つの「S（Search＝検索、Share＝共有）」——多種多品におけるブランド／商品比較と買い場の比較検討である。検索や評判を形成する2つの「S」は、ウエブやモバイルの発展による新しいコンタクトポイントであるといわれるが、従来も「優秀な販売員」や「購入者からの口コミ」などは、メジャーではないが信頼のおける情報として存在していた。ネット隆盛の社会では、コミュニティーサイトや専門ポータルサイトがそうした役割を担い、消費者が自分では決断しきれない情報をより多くの人々に提供するようになっている。コミュニティーサイトや専門ポータルにとってこれからの課題は、「信頼性」を強化・維持し、消費者に的確なナビゲートを行えるかどうかがポイントになってくる。

2 購買行動ビッグバン

購買を誘発する情報のつくり方

　新ブランドを市場に投入する際、ブランドが持つ価値が的確に購入時点まで維持・伝達されるように綿密なコミュニケーション設計がなされているだろうか。商品内容やパッケージデザインはもとより、広告、ネット、販促ツール、売り場にいたるまで、すべての情報がストーリーとして設計されてこそ最大のコミュニケーション効果が発揮される。消費者が真に求める情報とブランドや商品のメッセージとのマッチングを冷静に考えてみる必要があるだろう。

　商品認知から購買までのストーリーを考える上で重要な視点が「購買時点のパーセプション」である。従来のコミュニケーション設計では、商品を認知してもらうところからスタートし、関心を高め、エボクドセット(ブランドや商品を頭のなかで思い浮かべる想起集合)に当該ブランドを組み込むという流れで発想していたが、今後は、「何を購買決定の確信にするか」という購買意思決定要因の設定から発想し、それを伝えたり想起させたりするのにふさわしい売り場づくり――売り場に誘引するためのメッセージ開発といった売り手側の視点とは逆のコミュニケーション設計を行う必要がある。日々変化する売り場で棚落ちせず、常に売り場における情報鮮度を維持することができなければ、商品に手を伸ばす「最後の50cm」には到達できないからだ。

　もうひとつの視点は、消費者同士の情報流通を購入に結びつける仕掛けづくりである。いまやCGM（消費者生成メディア）の発達により、生活者自らがメディアとして影響力を発揮する時代になり、売り手側の一方的な働きかけだけでは売れない時代になりつつある。最近では、「口コミ施策」の活用を重視する企業も増えているが、口コミは仕掛けるものではなく、自然発生

するものであり、「口コミに値するネタ」がそのブランド／商品からつくり出せるかどうかが大きなカギになる。また、口コミの場合、売り手と買い手だけでなく、売り手同士、買い手同士といった複雑な情報流通があることも考慮しなければならない。

生活者の価値観と選択の尺度

　少子高齢化にともない、若年層の消費は伸びないとの予測もある。また、格差社会がますます広がり、将来をみすえた人生設計よりも日々の暮らしを楽しむための消費を優先する傾向が強まっている（図2-3）。
　高級品は一部の層向けとなり、消費の大半が低価格化志向になるとの懸念もある。はたして、高額消費と低価格消費の格差はますます広がっていくのだろうか。
　これからは、高級と低価格の二極が離れて対極化するのではなく、個々人

図2-3　自分なりの価値観で生活を楽しむ志向の高まり

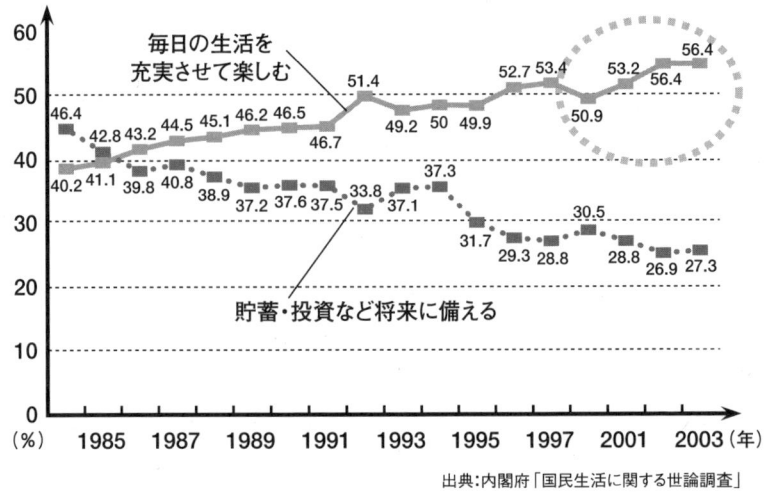

出典：内閣府「国民生活に関する世論調査」

の意識によりボーダレス化が進行する「ピークフリー消費」*の時代（だれもが、それぞれに自分なりの価値観を持って消費や生活を楽しむ）になり、そこでは新しい「二極化」が顕著になってくると考えられよう。

その二極とは「価格（Price）」と「こだわり（Favorites）」を指す。2007年に電通が実施した「買われ方調査」**の結果から、自分らしさを最適化する消費者の購買機軸として、ひとりのなかに二極4つのセルが存在し、収入や

図2-4　ひとりの消費者に共存する4つの志向

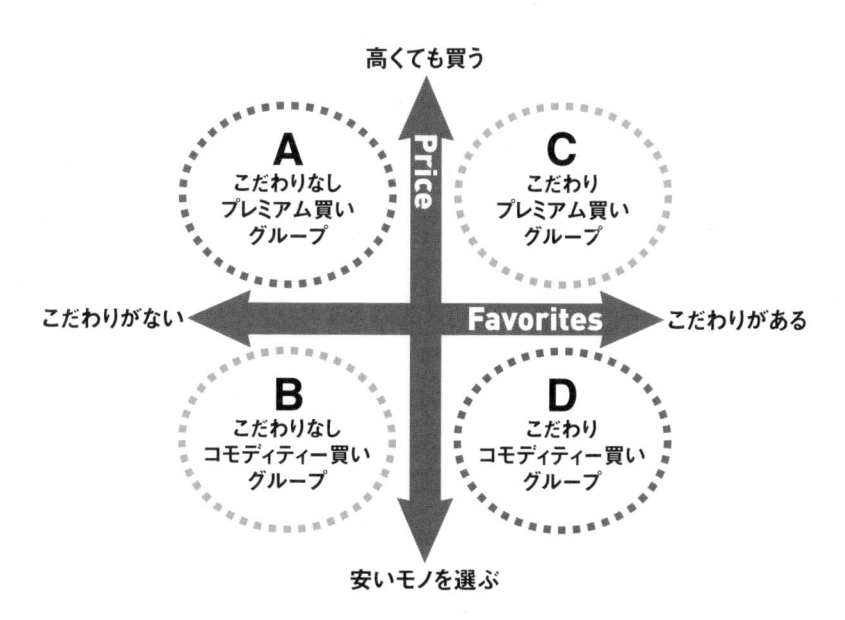

```
                    高くても買う
                         ↑
                       Price
        A                          C
      こだわりなし                 こだわり
      プレミアム買い            プレミアム買い
       グループ                   グループ

こだわりがない ←────── Favorites ──────→ こだわりがある

        B                          D
      こだわりなし                 こだわり
      コモディティー買い         コモディティー買い
       グループ                   グループ
                         ↓
                    安いモノを選ぶ
```

「Price」×「Favorites」の2軸によって、30商品のポジショニングを行い、
同じような「買われ方」をする商品を4グループに分類

出典：電通「買われ方調査」2007年

---

* 電通 消費者研究センターが提唱する人口減時代における新しいライフスタイル
** 「買われ方調査」の概要　調査方法：ウエブ調査法（電通リサーチ所有のパネル）　調査地域：首都圏（1都3県）調査対象者：20〜59歳の男女個人（30カテゴリーの商品について購入経験と意向がともにない人を除く）サンプル数：400ss　実施期間：2007年1月19日（金）〜22日（月）

生活心情や自分なりのこだわりに基づいて購入をコントロールしていることが浮かび上がった（図2-4）。

　日本経済にも景気回復の兆しが表れているが、長いデフレを経た現在、個人消費の多様化・複雑化が指摘されている。二極消費ではどんなに高くても買いたいという「こだわり」志向と、安ければ安いほどよい「価格」志向が顕著になり、そうした志向は同一商品カテゴリーのなかでも相反することなく共存している。また、この2つの志向は所得の多寡で単純に分けられるものではなく、ひとりのなかで共存するものである。

　Aの「こだわりなしプレミアム買いグループ」は、便利なモノをリピート購入しつつ、CMで認知した商品を試し買いする傾向がある。また、欲しいと思ったら定価でも買うことが多く、飲料などのカテゴリーが中心となる。

　Bの「こだわりなしコモディティー買いグループ」は、品質に差異がなく、こだわりの少ない生活必需品を、メーカーや銘柄に好みを持たず、値引きやセール時に買いだめる。日用品が中心である。

　Cの「こだわりプレミアム買いグループ」は、好きなブランドや商品があるものの、比較検討も行われる。高品質なモノを手に入れることに喜びを感じ、値段が高いモノはそれだけ品質がよいという認識を持つ。ファッションが中心である。

　Dの「こだわりコモディティー買いグループ」は価格や内容を徹底的に調べ、比較検討した上で納得できるモノをできるだけ安く買う。家電が中心である。さらに、商品を購入する店を上手に使い分けている様子もうかがわれた（図2-5）。

　そしてまた、それぞれのグループにおいてキーとなる流通業が存在する（図2-6）。Aはコンビニエンスストアや自動販売機といった身近な買い場。Bは総合スーパーやドラッグストア、Cはデパート、Dは家電量販店やネット販売が主な購入チャネルである。

　ここで着目すべきは、Dの"こだわりコモディティー買いグループ"である。このグループこそ、「AISAS」モデルの2つの「S」が最も重要になるところだ。家電製品の場合、エボクドセットのなかにブランドや商品とともにお店の比較情報が共存し、それをもとに購買行動が発生する。消費者はまず、

Chapter 2　購買行動の変化

図2-5　商品カテゴリーによる消費4軸

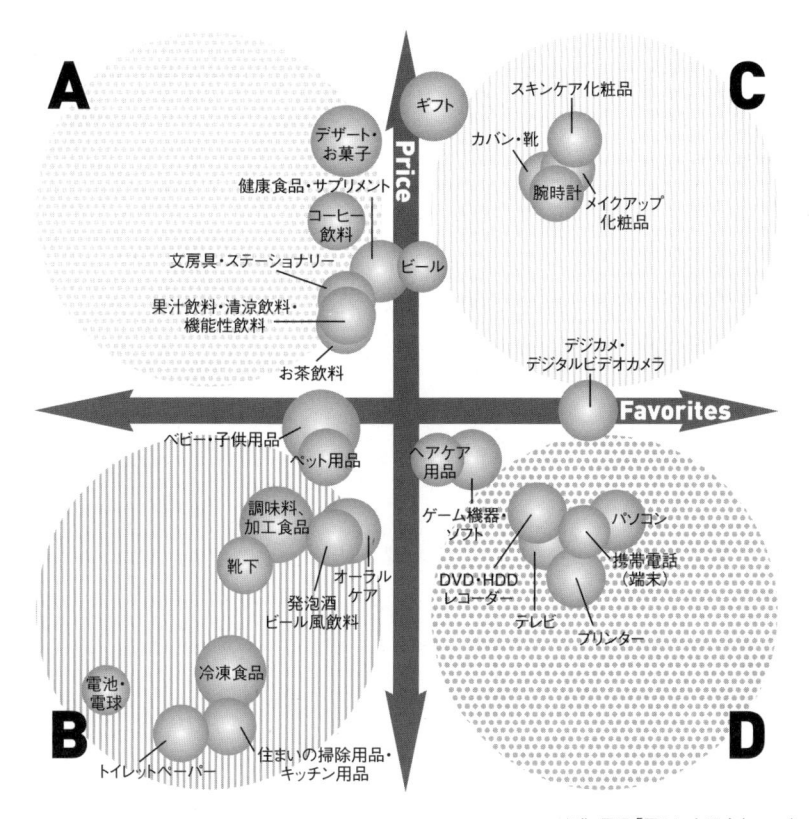

A

デザート・お菓子
健康食品・サプリメント
コーヒー飲料
文房具・ステーショナリー
果汁飲料・清涼飲料・機能性飲料
お茶飲料
ベビー・子供用品
ペット用品

調味料、加工食品
靴下
オーラルケア
発泡酒ビール風飲料

電池・電球
冷凍食品
トイレットペーパー
住まいの掃除用品・キッチン用品

B

ギフト
ビール

Price

C

スキンケア化粧品
カバン・靴
腕時計
メイクアップ化粧品

デジカメ・デジタルビデオカメラ

Favorites

ヘアケア用品
ゲーム機器・ソフト
パソコン
DVD・HDDレコーダー
テレビ
携帯電話（端末）
プリンター

D

出典：電通「買われ方調査」2007年

図2-6 商品4グループごとの購買チャネルの違い

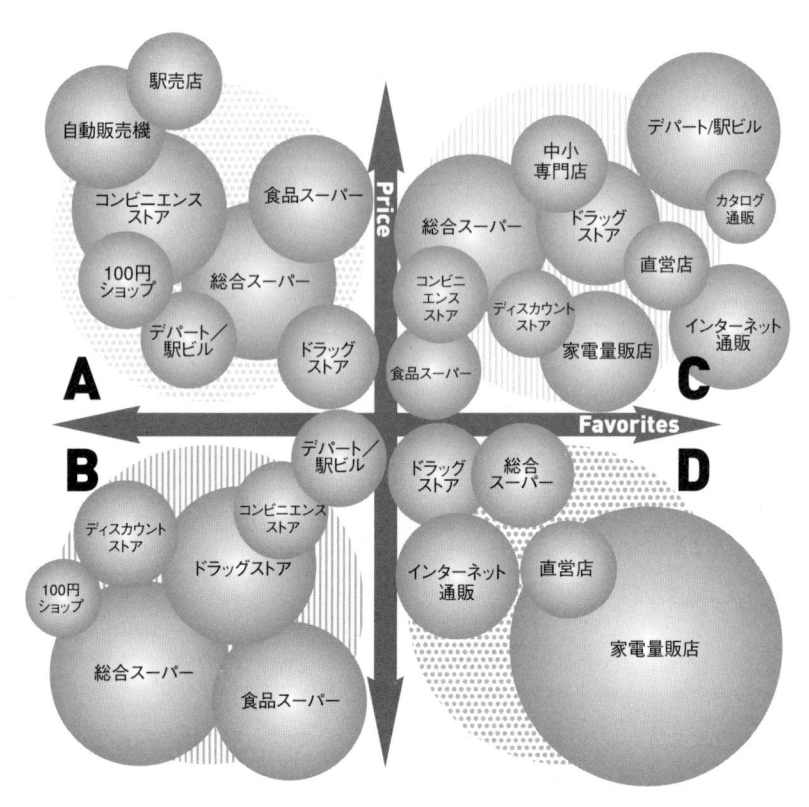

象限A（Price高・Favorites低）
- 駅売店
- 自動販売機
- コンビニエンスストア
- 食品スーパー
- 100円ショップ
- 総合スーパー
- デパート/駅ビル
- ドラッグストア

象限B（Price低・Favorites低）
- ディスカウントストア
- 100円ショップ
- コンビニエンスストア
- ドラッグストア
- デパート/駅ビル
- 総合スーパー
- 食品スーパー

象限C（Price高・Favorites高）
- 中小専門店
- デパート/駅ビル
- 総合スーパー
- ドラッグストア
- カタログ通販
- コンビニエンスストア
- ディスカウントストア
- 直営店
- 食品スーパー
- 家電量販店
- インターネット通販

象限D（Price低・Favorites高）
- ドラッグストア
- 総合スーパー
- インターネット通販
- 直営店
- 家電量販店

出典:電通「買われ方調査」2007年

ネットやブログの情報をもとに比較検討を行い、商品とお店を少数に絞り込む。その場合、ネットでの購入や直販・通販といった販路も比較検討の対象になるほか、チラシでの価格比較、店と家との距離、生活動線との関係も購買に大きな影響を及ぼす。

家電製品の主な購入場所は家電量販店だが、生活ニーズと商品とのマッチングでは店内情報が購入の決め手となる。ここで効率的、効果的に販売するためには、来店者がどのような情報を持って売り場に足を運んでいるかを十分に把握した上で店内情報を整理し、接客・推販を行う必要がある。また、来店者のさまざまな理解レベルに応じた対応力も重要だ。「安い」ことは前提なのであるから、生活にいかにフィットした提案ができるか、購入時点はもとより、購入後の安心も提供できるかが大きな差別要因になってくる。また、「ネット⇒お店」の流れだけでなく、お店を「買いたい商品をチェックするショールーム」として利用し、ネットで購入するという逆の動きも表れてきている。

購買の経験と学習

購買の経験はさまざまな学習効果をもたらし、消費者の購買行動を進化させる。店頭において購買に影響を及ぼす3つの大きな要因として「価格」、「サービス」、「品揃え」が挙げられ、この3つが最適なレベルで揃うと購買に有効な環境が整ったことになる。しかし、現実にはそれぞれに競争環境が存在し、なかでも価格優先の戦略が最も有効なものであると考えられ、価格が多くの大手量販流通における競争軸になっていることは否定できない。

では、消費者は本当に価格だけを追求しているのだろうか。正月のお買い物の楽しみのひとつに、デパートで販売される福袋があるが、その人気は衰えることなく、先頃も2007万円の高額福袋が話題になった。価格とは別の理由で当座は必要でない商品をも買わせてしまう力の源はどこにあるのかを考えてみると、その根底には「買い物の楽しさや満足（感）」が存在している。「買い物上手」という言葉があるが、それは、価格が安いものを買うだけで

なく、納得のいく買い方をするということでもある。買い物という行為にどのような「楽しさ」を感じるのかは個々人それぞれに異なるだろうが、消費者に「買い物の楽しさ」の経験を積んでもらい、「買い物上手」になってもらうことは流通業の使命である。そのためにも、「価格」、「サービス」、「品揃え」という三拍子に加え「FUN」が揃った販売環境の整備が必要不可欠になる。

52週MD（マーチャンダイジング）のマンネリズム

「価格」、「サービス」、「品揃え」の3つは、流通業にとっての基本要素である。流通業にとって、この3つの要素を魅力的な価値として消費者に認識してもらうブランディングは重要なテーマである。ブランディングを行うためには、MD（マーチャンダイジング＝小売主導の商品政策）と同等にマーケティング（市場や消費者、世の中の動向をみすえた提案力）戦略をしっかり固めておく必要があろう。

　MD偏重の販売戦略ではマーケティングが弱体化し、画一化された提案に陥りがちである。複数のお店の折り込みチラシを並べると、同じ編集・同じテーマ・同じ品揃え（スーパーマーケットの場合は生鮮3品にシーズナリティーや催事が絡む）がみられるのもその証左だろう。マーケティング中心で他店と差別化できるチラシ展開を考えるのであれば、「52週の定番（1年間を週で区切り、歳時に合わせた催事を行う）」をベースにしながらも、地域情報や旬のトピックスが優先されるはずだ。たとえば、情報番組のテーマと連動した売り場展開をはじめ、地域行事との連動（カラオケ大会前に服が売れる）や地域におけるトピックスとの連動（地元出身のスポーツ選手がテレビに出演するとAV機器の売り上げが伸びる。地元が取材されると地元の商品が売れるようになる）などが考えられよう。また、メーカーの周年企画やフェア、キャンペーンなどタイムリーな動きと連動した売り場づくりも集客に寄与すると考えられる（図2-7）。

　効果を上げるためには、マーケティング計画を立案する上で必要な情報を

集積し、それらをマネジメントする仕組みが必要になる。そうした情報と52週の歳時を掛け合わせた売り場展開やチラシによる提案を行い、催事終了後にPOSデータやFSP***データとのマッチングによって効果検証を行うPDCAサイクル****を実現しなければならない。

＊＊＊FSP（フリークエントショッパーズプログラム）＝ポイントカードなどを発行することにより顧客ごとの購買データを把握し、優良固定客の維持・拡大を図るマーケティング手法
＊＊＊＊PDCAサイクル＝「計画（Plan）〜実行（Do）〜評価（Check）〜改善（Act）」のプロセスを実施するマネジメントサイクル。品質の維持・向上、業務改善活動などに利用される

図2-7　52週カレンダー×タイムリーな情報

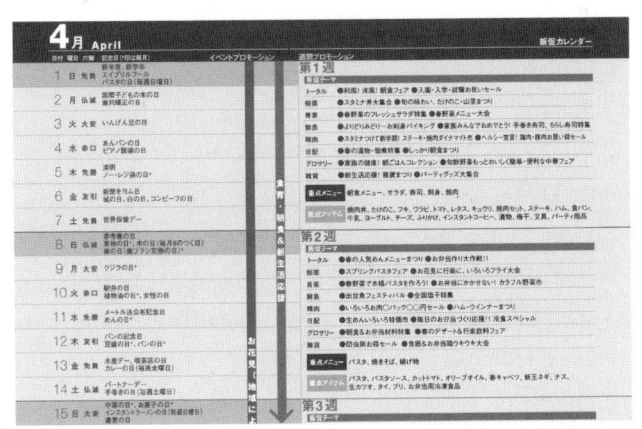

出典：チェーンストアエイジ誌

| 地域固有の情報
（地域行事・学校行事など） | 時事的・社会的ニュースや流行
（情報番組やトレンド） | メーカーの周年企画や
キャンペーン |

売れ筋をつくるマーケティング

　売りを実現するためのマーケティングに不可欠なものは、「情報」と「売り場」がうまく連動し、機能することである。広告や口コミ情報によって消費者が売り場に足を運んでも、肝心の商品が欠品していたり、想像していたイメージとかけ離れた陳列がされているようなケースも多いだろう。カテゴリーや商品によっては、新商品発売時の店頭化率（お店に新商品が並べられている比率）は20～30％といわれている。

　大規模な予算をかけてキャンペーン広告を打ち出しても、お店に商品が並んでいなかったり、売り場展開とコミュニケーションの連動性がなければ、本来の広告効果は発揮されない。売れ筋をつくるということは、売れ続ける仕組みをつくるということであり、売れ筋かどうかの判断は、消費者が商品をどれだけ多くリピートしたか、どれだけ多くの人が口コミをしたかにかかっている。だからこそ、顧客の購買行動を把握し、分析データに基づいた顧客戦略と売り場づくりが必要になる。顧客の購買動向を把握するためには、FSPといわれるID-POS（顧客別）データが有効である。

　顧客個々人の属性を把握した上で、購買履歴と購買パターンを分析し、棚割りや商品の入れ替えを行う。同じチェーン店であっても、地域毎の特性を反映したり、各店舗によって棚割りを変えるべきであろう。

　また、分析データを流通とメーカーで共有することにより、中期的なマーケティング戦略に基づくマーチャンダイジングが可能になる。しかし、いまのところID-POSデータをマーケティングや顧客戦略に有効活用しているチェーン店は少ない。

　顧客の購買情報に基づいたマーチャンダイジングと顧客サービスの仕組み（顧客の購買履歴に基づいた推販やレジ精算時のアプローチなど）を持ち、広告をはじめ店外情報と売り場展開をリンクさせシナジー効果を最大化させる──これが売れるマーケティングの仕組みなのである。

| 専門家に聞く① | 売るためのさまざまな試み |

「チェーンストアエイジ」編集長　石川純一氏

◆小売業におけるFSP活用の実情は？

　ローカルチェーンや中小の小売業が、大手ナショナルチェーンへの対抗手段としてFSPの活用に本腰を入れ始めた大きなきっかけは、2000年の大店立地法改正だろう。この改正を機に店舗の大型化が進み、大型ショッピングセンターが全国に広がった。また、ディスカウントフォーマットのスーパーチェーンが低価格戦略で地域に攻め込んできたことも引き金になったと思われる。

　FSP機能が付いたクラブカードは、地域シェア率が高い小売業が自社のシェアを維持・拡大する場合などに非常に有効であることが調査からも明らかになっている。顧客の購買データを日々しっかり分析し、地域に合ったきめ細かな売り方をしていくことで、地場の顧客の囲い込みを図っている。逆に、地域シェア率の低い小売業では顧客囲い込みよりも、販促やサービスの一貫としてしかとらえられていないようだ。

　FSPといっても、謝恩、囲い込み、集客、付加価値、リピート促進、関連販売促進等々、目的によって活用方法が異なっている。

◆顧客購買データやさまざまな情報を売り場で生かすためのヒントは？

　FSPの情報をMDに生かすとすれば、たとえば、利益が最大化されるクロスMDのかたちを探るなど、データから導き出せることは多い。しかし、まだまだ、現場では活用しきれていないようだ。ここ10数年、流通の売り場のレイアウトはほとんど変わっていない。どこの流通でも定番立ち寄り率が低下してきており、レイアウトに問題があることは分かっているにもかかわらず、消費者の買い方に合わせてコーディネートがされていない。

　これは、実は根深い問題に起因している。ひとことでいえば、流通側のセクショナリズム、組織の壁が変化を阻んでいる。冷蔵ケースの位置を少し移動させるだけでも大騒動になる。

　こうした問題に対して、店舗での取り組みで成功を収めているのが「イオン」である。売り場を見れば一目瞭然だが、特に食品売り場ではレイアウトが工夫され、購買意欲をそそるMDがよく研究されていると思う。「イオン」の改革は衣料品からスタートした。つまり、サービス業の原点に立ち返り接客から見直すという、従業

員の意識改革から売り場をつくり直したのである。
　一方、「コープさっぽろ」では、データ提供システムを通じて、POSデータをメーカーや卸売業に開示している。地域に適した売り方をメーカーと一緒に考え、MDに反映させていくような方法は非常に効果的といえる。これからは、売り場発でいかにトレンドをつくるかの競争になる。

◆トレンドをつかむツールとして、POSデータのほかには考えられるものは？

　やはりテレビの影響は絶大だ。消費者の志向は目まぐるしく変わるが、その変化に早いスピードでついていけるかどうかがポイントになる。食品などでは、外食産業のトレンドは移り変わりが早いので、そこからアイデアを拾って、惣菜をはじめとするMDに生かすといったことも行われている。利益を重視するのであれば、トレンド情報とABC分析を見比べながら、重点商品一品一品の単品管理をしっかり行うべきだろう。

◆最近注目される業態や店舗は？

　古くはドイツから来た生鮮から雑貨までを、包装・陳列などを省いて徹底的に安く売る「ボックスストア」、最近では「ローソン」との提携が注目される「ショップ99」などの小型の生鮮ディスカウント業態である。住宅街を中心に、消費者の近いところで店舗数を拡大しているようだ。安いことはもちろんよいことだが、小売店が乱立し、労せずしてさまざまな店にアクセスできる状態になると、消費者にとって「近さ」がより価値を持つようになる。買いたいと思ったらすぐに買えるという価値が「価格」に勝るということではないか。
　個人的に気に入っている店舗では、イギリスから来た石鹸などの日用品の小売専門店である「LUSH」が店舗数を伸ばしている。石鹸を量り売りするという、これまでにない手法が受けているようだ。価格は決して安くはないが、PBとして品質も高そうで、何よりも、お店全体から手づくりの温かみが感じられる。そういった感覚は、画一的で冷たい感じがしてしまうマスプロダクトにはないものだ。そうした事例は、小売業だけでなく、日用雑貨メーカーにとってもヒントになると思われる。

消費者は「安さ」だけを求めているのではない

　買い物を終え、自分が購入した商品の価格をすべて記憶している消費者がどれだけいるだろうか。購入理由として「安かったから」「特売していたから」という答えは返ってくるだろうが、具体的な価格まで記憶している人は少ないはずだ。本当にその商品は安いのか、何と比べて安いと感じるのか、本当に特売されているのかなどを厳密に問うことなく、実は、あいまいな印象だけで購入を決めているのではないだろうか。

　「価格プロモーション＝安売り」ととらえるケースも少なくない。しかし、本来の価格プロモーションとは、徹底的に安値をつけることではなく、「値打ちを正当に評価してもらうプロモーション」であるべきではないだろうか。

　店頭展開やコミュニケーションのやり方しだいでは、「値引き」以上の「お値打ち価値」を演出できるからだ。クロスMDや専用売り場演出、ツールでの一押しメッセージといった提案だけでも売り上げに変化が生じるのだ。一方、安さとトレードオフされるのが「ブランド力」と考える人は少なくない。ブランド力の形成は短期的に達成できるのではなく、主として経験や体験の積み重ねや評判によって成り立つものである。

　いま、商品購買の店頭決定率は80％以上といわれる。だからといって、まったく無名のブランドをいきなり店頭に並べても、よほど特筆すべきUSP（独自性）がなければ売れ筋には成長しないだろう。最近では、広告をしなくても売れる商品も登場しているが、商品ブランド名や企業ブランド名による信頼性が担保されていなければ、全国的なヒット商品になるのは難しい。

　「80％の人が店頭で購入商品を決めているのだから、広告の貢献度は20％以下ではないか」との意見も耳にするが、先に述べたように、広告はブランドの知名度を上げ信頼を形成するだけでなく、エボクドセット形成にも大きく寄与する。消費者が店頭で購入商品を決める——その裏側には、ブランドとしての信頼性や広告の2次効果といわれる「店頭での思い出し」が大きく影響しているのだ。

3 情報メディアの進化によって購買行動が変わる

台頭する消費者メディア

　2006年12月、アメリカの雑誌「タイム」は同誌の年末特集企画であるパーソン・オブ・ザ・イヤーに「あなた」を選んだ。
「タイム」は毎年末に、世界的に多大な影響を与えた人物をパーソン・オブ・ザ・イヤーとして表紙の顔にする。社会におけるインターネットの影響力が強まるなかで、新たな時代を形成しているのはその使い手ひとりひとりであるとして、従来のように特定の個人ではなく、不特定多数の「あなた」を選んだのである。
「タイム」誌の例が象徴するように、消費者ひとりひとりは情報を受け取るだけでなく、編集・加工し、発信も行っており、メディアとしても機能している。だれでも記事の追加や変更が可能なフリー百科事典「Wikipedia（ウィキペディア）」、だれでも投稿可能な動画サイト「YouTube（ユーチューブ）」の成長はいうまでもなく、国内最大のSNS（コミュニティー型ウエブサイト）である「ミクシィ」のユーザー数は800万人を超えており、20代前半では3人にひとりが参加していることになる。ウエブコミュニティーはいまなお増え続け、個人や特定の団体がブログを立ち上げることは、もはやごく自然なこととなっている。
　こうしたCGMの隆盛により、いつでも、だれもが情報を受・発信できる環境が整備されており、情報を右から左へ受け渡していくだけでなく、それぞれの意見や思惑を取り入れながら、編集・加工した上で発信されるため、（情報を受け取る消費者にとっては）信憑性の高い情報として増幅されていくことも多い。

メーカーの声より第三者の声

いまや消費者は、メーカーが一方的に発信する情報をうのみにはしてくれない。メーカーが「私たちがつくった商品はこんなに優れている」とストレートに伝えようとしても、素直には受け取ってくれにくい現状がある。消費者は、自分の選択を後押ししてくれる第三者の声——直接利害関係がなさそうで、信頼に値する有識者や専門家、もしくは自分と同じような消費者の圧倒的多数の声を求めるようになっているのである。「All About（オールアバウト）」など、各分野の専門家によるレビューサイトや、「@COSME（アットコスメ）」など、不特定多数が書き込みを行う口コミサイトが活況を呈しているのも、消費者の第三者の声に対する強い期待の表れである。

そうした状況はネットの世界に限ったことではない。リアルな売り場においても同様の傾向がみられる。メーカーが作成し店頭に設置されたPOPよりも、店員が自分で実際に使用・体験した結果に基づいて手書きしたPOPのほうが効果的であるといわれることも多い。最近では、ネット上のレビューサイトにおけるランキング結果（「○○サイトで1位になりました！」）や好意的なコメントをそのまま流用した店頭POPを目にすることも多い。

拡大するCGMの影響

CGMの台頭は消費行動にも大きな影響を与えており、消費者の購買行動における意思決定のプロセスは「AISAS」モデルに示されることは前述の通りである。気になった商品をウエブサイトで検索し、メーカーのサイトを閲覧する一方で、レビューサイトやブログ上でその商品に関する評判もチェックし、それらの情報をもとに購入を決定する。さらに、購入した商品を実際に試してみた結果、満足するものであれば、自らもレビューサイトなどで好意的な意見などを書き込む。逆に、満足しなければ、中傷的なコメントやクレームを書き込むかもしれない。

消費者のITCネットワーク利用状況調査（2006年3月　総務省情報通信政策局実施）によれば、6割以上の人々が商品購入前に「インターネットで情報を収集」しており、約4割の人々が「ネット上で何らかのコミュニティに参加し、積極的に情報を発信している」のである。そうした傾向は今後ますます強くなるだろう。商品を製造し世に送り出すメーカーも、それを取り扱う流通小売業も、そうした消費行動の変化への対応を余儀なくされている。

Eコマースの隆盛

　ネット上で商取引を行ういわゆるEコマースは、多くの消費者にとっておなじみのチャネルとなっている。「Amazon.com」は、書籍やCDにとどまらず取り扱い製品のジャンルを広げ、総合的なショッピングサイトとして確立している。カタログ主体に通信販売事業を行っていた企業が、ネット主体に転換するといったケース、あるいは、もともとは通販事業を行っていなかった地域の小売店や専門店がEコマースに取り組むことで大きな成果を上げているというケースも珍しくない。ある東京の有名ラーメン店は、インターネットによるお土産ラーメン販売を始めた。テレビで話題になったそのラーメンが地方にいても食べられるとあって、驚異的に数字を伸ばしたという。

　なぜ、Eコマースが伸長し続けているのか。実は、現在のEコマースは、もともとリアルの店舗が持っていた「よさ」を取り入れ、それをウエブの力で多くの人々にアクセス可能なものにしたからこそ成功しているといえるだろう。たとえば、「Amazon.com」で行われている購買履歴に基づくリコメンドサービスは、アクセスするだけで、「○○さんにおすすめの商品があります」と商品をすすめてくれる。それはあたかも、個々のお客様の好みを熟知している街角の商店のようである。

　また、携帯電話によるEコマースは、コンビニエンスストアが果たしてきた「いつでも、どこでも購入可能な便利さ」に対するニーズを見事に拾い上げている。雑誌に掲載されている商品が手元の携帯電話ですぐに買えるから、一瞬の購買欲求の高まり（衝動買い）の需要も刈り取っている。百貨店や総

合スーパーなどの大手小売業は「できる限り多くの商品からモノを選びたい」といった要望に応えることで消費者に支持されたが、Eコマースの世界では「選びたい放題」も「何でも揃う」も当然のことなのである。

　消費者のニーズを汲んだ上で、流通小売業それぞれが持っていたよいところだけを採り入れていくEコマース。それが消費者に受け入れられないわけはないのである。

既存流通小売業の対応

　Eコマースの台頭にともない、既存の流通小売業も対応を余儀なくされている。一部の大手スーパーは、ネットで注文を受け付け自宅まで配達するというネットスーパー事業をスタートさせた。家電量販店の最大手「ヤマダ電機」のネットショップでは、取り扱い商品の情報をより分かりやすく消費者に伝えるために、文字情報だけでなく動画を駆使したテレビショッピング形式の販売手法を導入し、会員カードのポイントも、店頭でもネットでも利用できるようにしている。

　ネット上で商取引を行うにとどまらず、リアルな店舗とネット上の店舗で相互乗り入れが可能な、自社ならではのサービスを付加することで、消費者の流出を防ぎ、囲い込もうとしているのである。

ショールーム化する売り場

　近くの自転車屋に出かけ、試乗したり、実際に試してみることによって、お気に入りの自転車を決定する。しかし、そのお店では購入せずに、自宅のパソコンからネットで購入（その車種をいちばん安く売っているEコマースサイトから）——以前は「Search（調べる）」のはネットで、「Action（購入）」はリアルな売り場でというスタイルがスタンダードだったが、最近では「調べる～購入」の流れが逆転するケースも多くなっている。リアルな売り場が

「Search（調べる）」の役割を担い、「Action（購入）」させるのはネットの役割なのだ。

　商品カテゴリーによって程度の差はあるが、そうした新しい買い物プロセスが増加する傾向にある。「商品が売れるのであればどこでもよい」というスタンスのメーカーにとってみればあまり気にしなくてもよい話かもしれないが、有店舗商売を前提とした流通小売業の立場では死活問題になろう。

　そうした変化に対応しようと、大手流通小売業もさまざまなアイデアを練っている。某大手百貨店は、化粧品の通販サイトを開設すると同時に、そのサイトで扱うラインナップを揃えたリアルなサテライトショップを東京都内のビジネス街に出店させた。リアルなショップでは販売を積極的には行わず、実際の商品を試してもらう「ショールーム」に特化した役割だけを担わせ、実際の購入は通販サイトでさせることを狙っている。これまで、カタログ通販を主体としてきた企業も同様に、カタログに掲載されている商品を手に取って体験できるリアルなショップを積極的に出店している。

　いま、大きく変容しつつある消費者の購買行動に対応するために、従来の売り方、売り場の役割やあり方自体をいかに変革させていくかが緊急の課題になっているのである。

Chapter 3

情報視点からみる売りのメカニズム

　ネット上には、消費者発のぼう大な情報がストックされ、日々更新されている。購買に際して、ネット上のランキングやブログなどを参照する消費者が増えたということは、消費者に対する影響力の源が、お店やマスメディアを経て、消費者自身へと移行したということだ。
　そうした変化のなかで、メーカーや流通が好調な売り上げを維持するためには、「消費者はどのようなきっかけで来店し、何を根拠に購入を決定しているのか」など、情報感度の非常に高い消費者の購買行動の全貌を把握しなければならない。その上で、商品に関する情報やセールスの情報などを、効率的に、また、効果的に発信していくための情報戦略が必要になる。
　Chapter3では、「売り」を成功させているメーカーや流通が、消費者の購買行動にどのように対応しているのかを検証し、「情報の打ち出し方」という視点から、新しい売り方のヒントを探ってみたい。

Chapter 3

1 売る環境を創出するコンタクトポイント

コンタクトポイントで定量的に購買行動をとらえる

　消費者に向けて戦略的に情報を発信していく手法のひとつに「コンタクトポイントマネジメント®」がある。これは、消費者への最適なコンタクトポイント（顧客とブランドをつなぐ接点）を探り出し、そこから最適なメッセージを発信することによってキャンペーン効果の最大化を図るというものである。電通では、コンタクトポイント設計のためのさまざまなシステムツールの開発が進められている。そのひとつである調査分析システム「VALCON®」*により、消費者がいつ、いかなる場所で、どのような情報を得て、購入を決断するにいたったのかを定量データで把握することが可能になる。ここでは、このシステムを活用し、購買行動においてコンタクトポイントがどのような役割を果たしているのかを確認してみたい。

　まず、注目すべきはブランドの店頭決定率の高さである。購入者が「来店前に、カテゴリーの購入を計画していなかった」、あるいは「カテゴリーは決めていたが、ブランドは店頭で決めた」という非計画購買の割合は、ほとんどのカテゴリーで70～80％にのぼっている（図3-1）。

＊「VALCON®」＝電通独自のメッセージ設計メソッド「コンタクトポイントマネジメント®」に基づくメディア設計ツール。IMC（統合型マーケティングコミュニケーション）指標の向上や、メッセージ浸透に有効なコンタクトポイントの取捨選択、組み合わせなどの設計を、各コンタクトポイントの特性を把握しながら、定量的に分析することができる

図3-1　主要カテゴリーについての店頭ブランド決定率

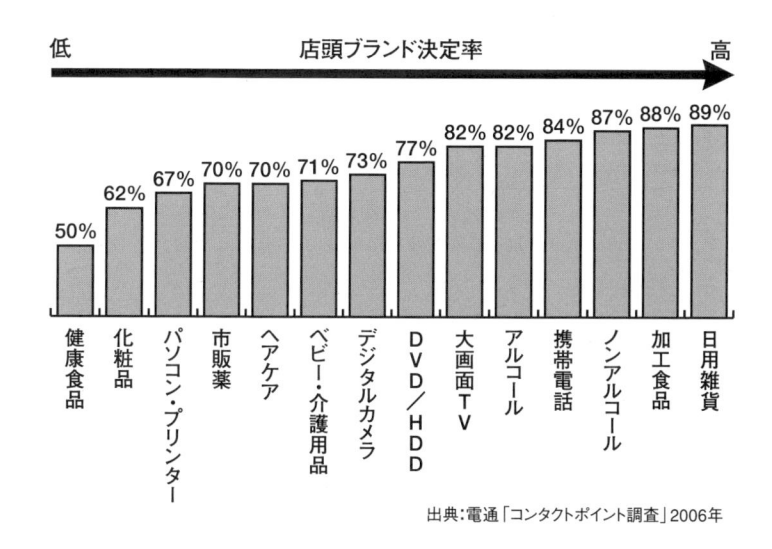

低　　　　　　　店頭ブランド決定率　　　　　　　高

カテゴリー	決定率
健康食品	50%
化粧品	62%
パソコン・プリンター	67%
市販薬	70%
ヘアケア	70%
ベビー・介護用品	71%
デジタルカメラ	73%
DVD／HDD	77%
大画面TV	82%
アルコール	82%
携帯電話	84%
ノンアルコール	87%
加工食品	88%
日用雑貨	89%

出典：電通「コンタクトポイント調査」2006年

　健康食品や化粧品、医薬品といった体に直接かかわる商品については、消費者には「ひいき」にしているブランドがあるらしく、店舗に出かける以前に購入する商品を決定している割合が高い。また、テレビなどの高額商品も、事前に商品の特徴を調べ、購入するブランドを決めている傾向があるようだ。

　しかし、単価の低い加工食品などのカテゴリーでは、90％近くの消費者が店頭で購入ブランドを決定している。また、来店前には購入する予定がなかったとしても、たまたま店頭で商品を発見し、その場で購買を決める「衝動買い」も多数発生しているようだ。店頭において「認知〜検討〜購入決定」の流れを完結するパターンが大多数となっており、店頭がコンタクトポイントとして非常に重要であることは明らかである。

　ところが、商品を購入した理由を消費者に尋ねてみると、「いつも購入している」、「商品やブランド名を知っている」といった理由が上位に挙がってくる。つまり、最終的な選択・検討が店頭で行われるにしても、未知のブラ

ンド、初めてのブランドを購入してもらうことは容易ではないということだ。ましてや今後、流通の大型化、売り場の拡大が進むと、店頭におけるメーカー間の競争はますます激化していく。メーカーからすれば、消費者が買い物に出かける前に、自社商品をいかにエボクドセット（ブランドや商品を頭のなかで思い浮かべる際の想起集合）に組み入れてもらうかが成功のカギを握っているといえる。

　一方流通側からすれば、テレビ広告やウエブ上の口コミ情報などによって、事前に購入意欲が高まっている人気商品を他店に先んじて導入し欠品させないことが重要になる。つまり、テレビ広告の量やネットにおける口コミの量などを測りながら、人気を集めそうな商品を青田買いして品揃えを決める必要がある。

コンタクトポイントの役割

　「VALCON」システムでは、さまざまなコンタクトポイントが購買行動に及ぼす機能を知ることができる。購買にいたるまでの意識や行動を大別すると、主に認知・検討理解、あるいは好意・購入決定という流れがあり、コンタクトポイントごとにそれぞれ効果を及ぼしやすい購買フェーズは異なる。たとえば飲料カテゴリーにおいて、効果の高いコンタクトポイントをランキング化してみた（図3-2）。以下、主なコンタクトポイントについて簡単に解説しておこう。

Chapter 3 情報視点からみる売りのメカニズム

図3-2 購買行動フェーズ別コンタクトポイントランキング（飲料カテゴリー）

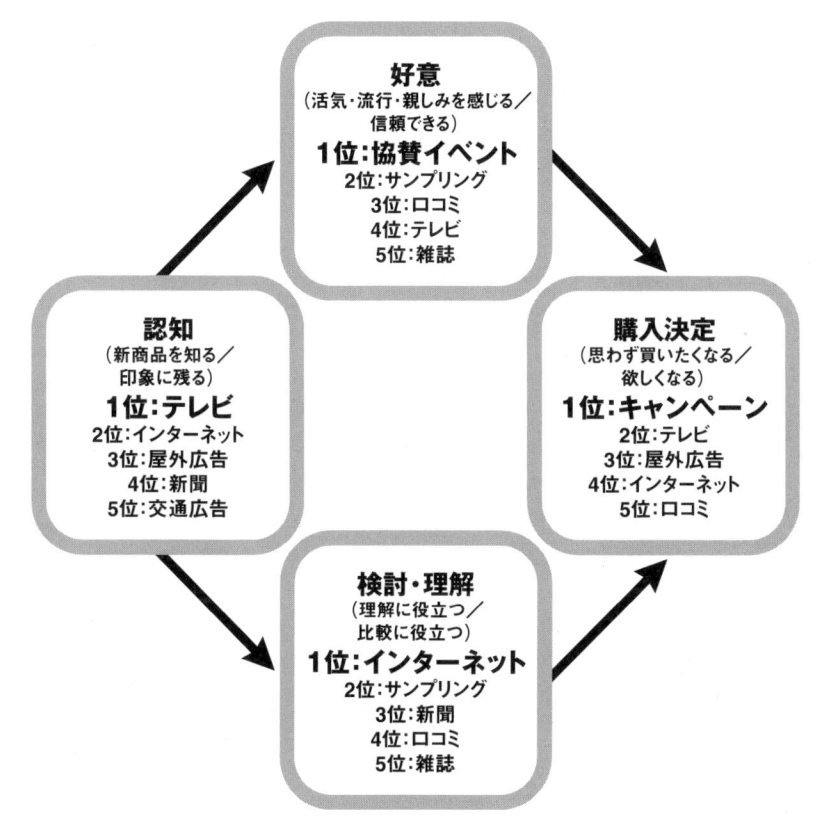

好意
（活気・流行・親しみを感じる／信頼できる）
1位：協賛イベント
2位：サンプリング
3位：口コミ
4位：テレビ
5位：雑誌

認知
（新商品を知る／印象に残る）
1位：テレビ
2位：インターネット
3位：屋外広告
4位：新聞
5位：交通広告

購入決定
（思わず買いたくなる／欲しくなる）
1位：キャンペーン
2位：テレビ
3位：屋外広告
4位：インターネット
5位：口コミ

検討・理解
（理解に役立つ／比較に役立つ）
1位：インターネット
2位：サンプリング
3位：新聞
4位：口コミ
5位：雑誌

出典：電通「コンタクトポイント調査」2006年

● **マスメディア**

　主要な広告媒体として扱われてきたコンタクトポイントである。広告業界で「4マス」といえばテレビ・新聞・雑誌・ラジオを指す。マスメディアを使った広告は、商品を売るだけでなく、中長期的な視点でブランドへの好意度を上げる役割も担っている。「VALCON」によれば、テレビが圧倒的に「認知」の役割を担っているようだ。要するに、現在でも、商品を最初に知るのはテレビ広告であるという消費者が非常に多いのである。

43

●インターネット

　インターネットは、第5のマスメディアと呼ぶにふさわしいメディアに成長している。従来の4マスと根本的に異なるのが、ネットの持つインタラクティブ性であり、商品情報を能動的に検索し、CGM（消費者生成メディア）などから、メーカーが発信していないユーザーの生声や、チラシに掲載されない「値引き交渉後の店頭価格」などの貴重な情報を簡単に手に入れることが可能になった。液晶テレビを購入した人の6割近くは、事前にインターネットで商品の価格や機能を検討したと回答するなど、「AISAS®」型の購買行動が顕著になっている。

●店頭コンタクトポイント[**]

　POPや山積み陳列、店員によるセールストークなど、店頭におけるコンタクトポイントの使命は消費者に購入を決断させることである。しかし、事前にテレビ広告やインターネットで情報に接触している来店者も多く、「購入したい」という欲求がすべて店頭で発生したわけではない点には注意を要する。

　もうひとつ注意すべきポイントとして、最終的に購入者の背中を押しているのが「お得感」ということがある。商品にちょっとしたおまけがついていたりする「キャンペーン」の効果は想像以上に大きい。低価格販売には大きな効果があるが、いかに価格を下げずに売るかはメーカーや流通に共通する課題である。

＊＊店頭コンタクトポイントについては57ページ以降を参照

●プロモーショナルコンタクトポイント

　マスメディアやインターネット、店頭などのほかにも、屋外広告や携帯電話広告など、さまざまなコンタクトポイントがある。これらのコンタクトポイントを利用し、消費者の生活動線上に最もよいタイミングで、適切な内容のメッセージを提示することにより、消費者の購買行動を加速させることが

できる。

　たとえば、店舗周辺の交通広告にセールス情報を掲出したり、いますぐ売り場に行けば使えるクーポン券を携帯電話サイトから配信するなど、コンタクトポイントをうまく組み合わせ来店促進や購入促進を図っていく。ただし、消費者を囲い込むことは簡単ではなく、こうした手法は年々複雑かつ巧妙になっている。

> **コラム　位置情報連動型携帯ソリューション「コレどこ」**

　電通では、消費者がどのようなコンタクトポイントに接しているかを常時調査・分析し、最適なコンタクトポイントの提案を行うとともに、新しいコンタクトポイントとなるようなソリューションの開発も行っている。ここでは、携帯電話を利用して最寄りの商品販売地点を検索するシステムを紹介する。

売り場に足を運ばせる統合型ソリューション

　消費者の購買行動は、「AISAS®」モデルでも把握されるように、ますますアクティブになっている。消費者は「自分の本当に欲しい商品をどこまでも探求する」、「購入に値する商品であるかどうか、消費者同士が入念に情報交換する」といったステップを踏みながら、より懸命で賢い判断を行っている。

　そうした変化に対応して、Eプロモーションの領域においても、新しい購買行動をとらえる有効な次の一手ともいうべき、新たなソリューションの開発が急がれている。Eプロモーションの仕組みを考える上では、「AISAS」モデルでいうところの「Search」や「Share」のフェーズをいかにサポートできるかが重要である。そして、「Search」や「Share」を具体的なプロモーション施策に落とし込んだ場合、そのゴールは当然「売り場に足を運んでもらって購入してもらう」ことになる。

「コレどこ」がもたらすプロモーショナルシナジー

　携帯ソリューション「コレどこⓇ」は、消費者の店頭誘引を主な目的として開発された。商品やブランドのマス広告に興味を持った消費者に対し、その商品を実際に販売している店舗の位置情報を携帯電話のサイトから提供し、来店ベネフィットを供与するなど、店舗へ速やかに来店させる仕組みを実現するものである（図3-3）。

　「コレどこ」の開発コンセプトは、「広告に興味を持った生活者をホットなうちに店舗に誘導できないか？」というものである。これまで多くの販促活動がめざしてきたことであるが、マスメディアから店頭への誘引は現実には容易ではなかった。特に、販売箇所が全国各地、多くのチャネルにわたっている場合、広告内に消費者の行動範囲にマッチした流通の情報を個別に掲載していくことは、告知スペース的にも表現的にも難しかったのである。

　そうした障害を乗り越え、「コレどこ」では、携帯電話により取得したユーザーの現在位置情報と、広告商品の売り場所在地情報のマッチングを行い、マスメディアから売り場への誘引をワンストップ展開する販促ソリューションを実現させた。

　「コレどこ」の一連のユーザーフローを「AISAS」モデルに落とし込んでみた（図3-4）。基本的な流れとしては、マスメディアや屋外広告・交通広告で、興味関心を持ったユーザーが、広告面に記載されている2次元コードを携帯電話で読み取り「コレどこ」のサイトにアクセスすることで、ユーザーがいる場所周辺の売り場情報や地図が表示される。

　今後は、位置情報の提供だけでなく、ユーザーの来店モチベーションの喚起を目的とした、来店特典などの電子クーポンの発行や、さまざまなインセンティブを他のユーザーにメールで送る仕組みも付加することが考えられる。既存ユーザーから新たなユーザーへの口コミの力を活用した広がりのある展開も可能である。

　幅広いリーチ効果のマスメディアとリアルな販売情報のマッチング、さらには口コミの創造――「コレどこ」の活用により流通やメーカー、消費者に次のようなメリットが提供できる。

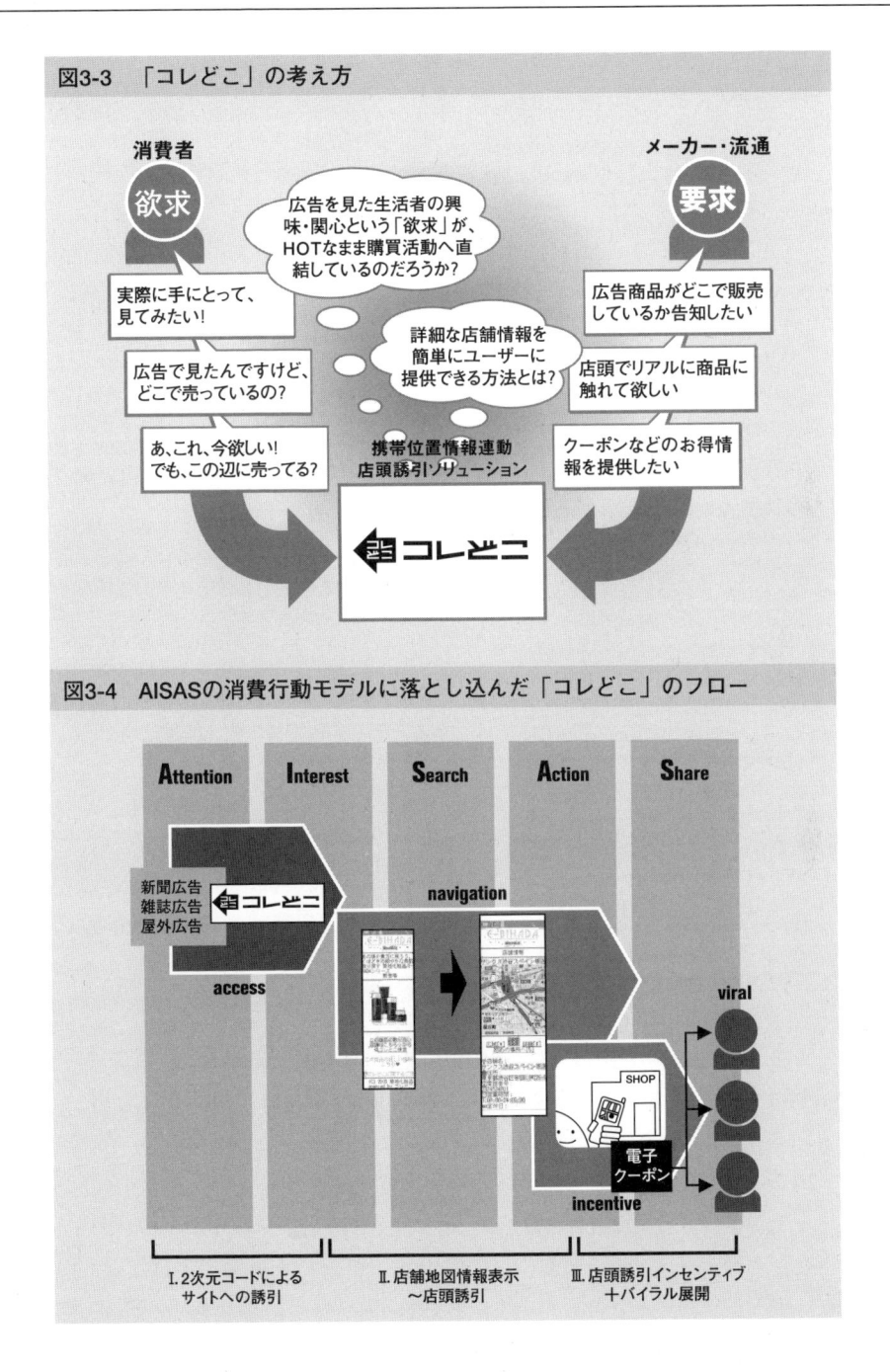

Chapter 3 情報視点からみる売りのメカニズム

図3-3 「コレどこ」の考え方

消費者／欲求
- 実際に手にとって、見てみたい！
- 広告で見たんですけど、どこで売っているの？
- あ、これ、今欲しい！でも、この辺に売ってる？

広告を見た生活者の興味・関心という「欲求」が、HOTなまま購買活動へ直結しているのだろうか？

詳細な店舗情報を簡単にユーザーに提供できる方法とは？

メーカー・流通／要求
- 広告商品がどこで販売しているか告知したい
- 店頭でリアルに商品に触れて欲しい
- クーポンなどのお得情報を提供したい

携帯位置情報連動
店頭誘引ソリューション
コレどこ

図3-4 AISASの消費行動モデルに落とし込んだ「コレどこ」のフロー

Attention／**I**nterest／**S**earch／**A**ction／**S**hare

新聞広告／雑誌広告／屋外広告 → コレどこ
access
navigation
SHOP／電子クーポン
incentive
viral

Ⅰ.2次元コードによるサイトへの誘引
Ⅱ.店舗地図情報表示〜店頭誘引
Ⅲ.店頭誘引インセンティブ＋バイラル展開

○消費者にとってのメリット
- 欲しいと思った商品を売っている場所がすぐに分かる
- メーカーなどに店舗等の情報を問い合わせる必要がない
- 手元の携帯電話で、だれでも、どこからでも利用できる
- 来店クーポンなどのインセンティブも獲得できる
- 友人・知人にお得な情報を手軽に伝えることができる

○流通・メーカーにとってのメリット
- 広告による興味喚起から、ターゲットをすぐ購買行動へ促すことができる
- 実際にアクセスしたユーザーの属性、情報分析、利用動向などが把握できる
- 消費者からの店舗などへの問い合わせが減少する
- 携帯電話の位置情報との連動により、エリア限定の施策展開も可能になる

コンタクトポイントを使った仕掛け

　カテゴリーによって多少異なるが、最も基本的な購買行動パターンは、テレビをはじめとするマスメディアで商品を認知し、店頭における情報により最終的に購入を決定するというというものであろう。ここで注意すべき点は、「インターネット」や、「街で商品を見かける」、「口コミ」といったコンタクトポイントが商品の認知から購入決定にいたるまでのあらゆるフェーズに現れてくることであり、これこそまさに「AISAS」型の購買行動といえる。

　最近の消費者の購買行動特性をふまえると、マスメディアに広告を出し、店頭で買わせるという従来のパターンだけでは不十分だ。競合商品があふれる店頭における比較検討を避けて「指名買い」を増やすには、コンタクトポイントにさまざまな工夫が必要になる。

　たとえば、クルマは一般的には自動車ディーラーに行かなければ試乗できないが、ショッピングセンターに新車を展示し、その場で試乗してもらうと

いった試みが考えられる。これにより、思わぬ場所で商品と遭遇させ、体験させることで消費者に驚きや感動を与え、そのインパクトが口コミやブログのネタとなり、知人から教えてもらった貴重な情報となってエボクドセットへ組み込まれるという流れが構築される。

今後、売りを完結させるためのコンタクトポイントによる仕掛けはますます重要になってくるだろう。以下では、メーカーや流通が行っているコンタクトポイントの使い方を工夫した事例を紹介する。

● メディアと売り場の連動（フリーペーパー×家電メーカー×家電 流通）

「R25」はリクルートが発行している首都圏の代表的なフリーペーパー（無料配布誌）である。時事問題や生活周りのトピックを、20〜30歳の男性に向け分かりやすく編集したコンテンツが人気で、配布部数は毎号（毎週）60万部にのぼる。週に一度、鉄道駅やコンビニ、大手書店など4700カ所のラックに設置されるが、発行日にラックから消えてしまうほどの高い人気を誇っている。

事例をいくつか挙げよう。男性サラリーマンのボーナス需要を狙いたいある家電メーカーは、「R25」のボーナス特集号に自社製品のパブリシティー記事を出稿した。また、ある家電量販店は新店の進出に合わせたPR戦略として店頭誘引広告を出稿した。店頭では「R25」特集の抜き刷りが配布され、記事内容を編集したPOPが設置された。その結果、「R25」のブランド力が店頭におけるアテンションに結びつき、好調な集客と売り上げを記録したという。メーカーと流通がフリーペーパーというメディアで共同し、広告から売り場づくりまでを一気通貫した好事例といえる。

● タイアップ相互来店促進（ファミリーレストラン×自動車ディーラー）

自動車ディーラーで売りたいクルマがファミリーを対象にしたもの車種であれば、ファミリーレストランの客層はまさにターゲットそのものである。ある大手自動車ディーラーは、周辺のファミリーレストランとのタイアップを実施した（図3-5）。ファミリーレストランの食事券をディーラー店頭のインセンティブとして配布する一方、レストランでは自動車フェアの告知を行

うという相互来店促進キャンペーンを実施した。

　もともと、ファミリーレストランと自動車ディーラーは、ロードサイドという立地条件が重なっており、タイアップ先としては最適であった。店舗周辺に位置する他業種に働きかけてコンタクトポイントをつくり、相互に来店誘引の仕掛けを行うといったプロモーションスタイルは今後も注目されるであろう。

図3-5　ファミリーレストランで「クルマに乗る人」×「ファミリー」をとらえる

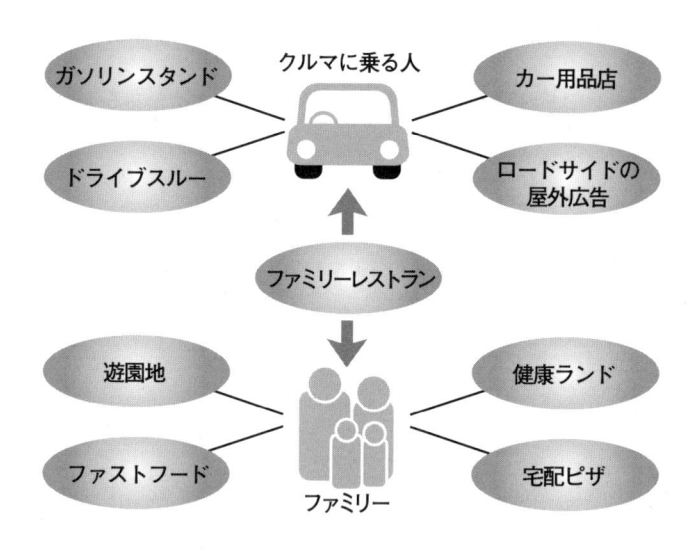

```
          クルマに乗る人
ガソリンスタンド         カー用品店
              🚗
ドライブスルー         ロードサイドの
                      屋外広告
              ↑
        ファミリーレストラン
              ↓
遊園地                 健康ランド
            👪
ファストフード           宅配ピザ
          ファミリー
```

クルマに乗る人やファミリーといった軸で考えると
ターゲットには、さまざまなコンタクトポイントが考えられるが、
ファミリーレストランは、どちらの条件にもあてはまる
コンタクトポイントである

● 周辺流通を巻き込んだ街頭イベント

　繁華街などで、新商品のサンプリングをしている姿を目にする機会も多い。サンプリングだけでなく、周辺駅構内の広告スペースや屋外ビジョンに広告を掲出し、同時期に当該地域のさまざまなメディアに広告を集中出稿する「街頭ジャック」という手法が流行している。

　「街頭ジャックキャンペーン」はメーカー主導で実施されることが多いが、最近は、周辺に立地する流通とタイアップすることでさらに効果を高めている例も多い。たとえば、携帯電話の体験イベントを行い、購入欲求が高まった顧客に周辺の家電流通を案内し、当日購入すればキャッシュバックが受けられるといった内容である。

　また、街頭イベントをユニットにして、日本の主要都市（福岡や名古屋、大阪、東京、札幌）をキャラバンするといった展開を試みているメーカーもある。メーカーの狙いは、消費者に対するインパクトもさることながら、街全体の盛り上がりを醸成し、周辺の流通を味方につけていくことにある。流通業には地域との交流を重んじる特性がある、街全体を巻き込んだお祭り的なキャンペーンであれば賛同も得られやすいということもあろう。

コンタクトポイント設計のキーワード

　これまでみてきたように、コンタクトポイントを使った成功事例にはいくつかの共通点がある。以下、簡単にまとめてみたい。

● 最適なコンタクトポイントの設置

　ターゲットに合致したコンタクトポイントを設定する。たとえば、30代OLのコンタクトポイントとして原宿はふさわしくないし、40代男性は渋谷にはめったに行かないだろう。20代女性の集客を図りたいというケースで、目玉商品を新聞折り込みチラシで訴えようといっても、そもそも新聞を購読していないという現実もありえよう。ターゲットがどのようなコンタクトポイントに接しているのかを、まず定量的な調査から把握すべきである。

●コンタクトポイント間の連動

　消費者に限らず、人間というものはとにかく忘れっぽい。3日前にチラシを見て買いたいと思った商品があっても、店に行く頃には買おうと思ったことさえ忘れてしまうことも多いだろう。そうした問題に対しては、購買時点、つまり店頭で広告を想起させることの有効性がさまざまな実験でも確認されている（図3-6）。店頭にチラシを再設置するだけでなく、売り場の小型ビジョンでテレビCMを流すこともひんぱんに行われている。来店前のコンタクトポイントと、店頭POPを連動させた販売促進は今後も増えていくだろう。

図3-6　液晶テレビの購入者チラシ閲覧率

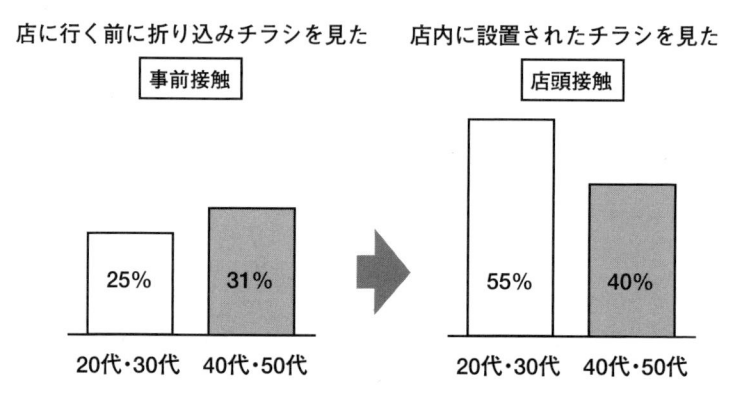

店に行く前に折り込みチラシを見た
事前接触
20代・30代 25%
40代・50代 31%

店内に設置されたチラシを見た
店頭接触
20代・30代 55%
40代・50代 40%

20代・30代は折り込みチラシよりも、
お店にあるチラシを見ている

出典：電通「コンタクトポイント調査」2006年

●コンタクトポイントの創出

　ターゲットをピンポイントで狙えるコンタクトポイントを発見することは容易ではない。そこで、いっそコンタクトポイントをつくってはどうかという考え方が出てくる。某飲料メーカーは、人間ドックによる検診を実施する医療機関に、体脂肪が気になる人向けの健康機能飲料を無料で提供し、昼食

時の飲み物として来院者に飲んでもらった。健康意識が非常に高いところに商品を試すことのできるコンタクトポイントを創出した好事例といえよう。

●メーカーと流通のコラボレーション

　コンタクトポイントアプローチのもうひとつのヒントとして、メーカーと流通の共同販促が挙げられる。先に挙げた事例からも推察されるように、メーカー側は商品広告で購買欲求を喚起し、指名買いが発生するかたちで売り場に誘引したいと考える。一方流通側は、購買欲求の高い顧客を他店に向かわせることなく、自社店舗に誘引したい。市場で注目される商品については、メーカーと流通が共同戦線を張り、商品認知から売り場における購買促進まで、最も効率的な方法でコンタクトポイントを連鎖させることができれば理想的である。

　しかしながら、流通とメーカーが共同して効果的な販促活動を行ったという事例はあまり多くない。「売り場に誘引して買ってもらう」という点では、共通の目的を持つと思われる両者だが、その立場は微妙に異なる。効果的な共同作業に向けて、流通やメーカーは現状の課題にいかに対応していけばよいのか。今後、さまざまな取り組みが期待される。

| 専門家に聞く② | メーカーと流通による効果的な共同販促のヒント |

　　　　　　　　　　　　　　　　　　創価大学教授　渡辺隆之氏

◆メーカーと流通との関係はどのように変化してきたのか？

　もともと日本では自動車、飲料、化粧品、家電などのさまざまな業界で、各メーカー自身が自社の専門店や系列店舗などを持ち、排他的な流通を維持することによって、販売量の確保と価格の安定性を保っていた。しかし、アウトサイダーとして登場したディスカウンターが、その後チェーンストアとして成長し、それまで消費者が潜在的に抱えていた「さまざまな商品を比較しながら、自分の望む商品を買いたい」という購買のニーズを満たすワンストップショッピングを可能にした。もはや、消費者の要望にそぐわない、メーカー論理で構築された系列店、専門店の発想

での売り場づくりが困難になったのである。「購買のニーズ」に対応した「業態店」へ主導権が移ったといえるだろう。メーカー側は流通チャネルをコントロールするという発想から、消費者にどうアクセスするかを発想し、自社ブランドの売り上げを伸ばすためにはいかに消費者に受け入れられるか、明確に「購買時点・地点」を考えなくてはいけなくなった。

◆そうした変化のなかで、メーカーは、自社の売り上げをいかに伸ばしていけばよいのか？

　流通側が、店頭に並べる商品、すなわちメーカーを選別する時代になり、自社商品の売り上げだけを考えているメーカーに対して流通は容易に門戸を開いてはくれない。そこで、メーカー側は自社商品の売り上げを伸ばすために、流通への集客やその商品を含む「カテゴリー全体の売上アップ」を考え、その上で自社商品をどのように落とし込んでいくかを考えていく必要がある。

◆カテゴリー全体の売上アップの好ましい事例は？

　流通はカテゴリー全体の売上アップを考えてくれるメーカーを歓迎し、仕入れ量を増やし、結果それがメーカーの売上アップにつながる。しかし、メーカーはもともと消費者の「消費そのものに関するニーズ」（消費ニーズ）に向き合って商品開発をしてきており、「購買方法に関するニーズ」（購買ニーズ）に対する研究をおろそかにしてきたといえる。今後は、商品開発をする際にも、店頭での売られ方を考慮し、商品属性を明確にすることで「購買の脈絡」から「消費の脈絡」を創造することが非常に重要になってくるだろう。

　たとえば、シャープの「アクオスブルーレイBD-HP1」***はそのよい例だろう。HDDレコーダーなどの高画質録画機は、液晶テレビやプラズマテレビといった高画質テレビと一緒に買われる可能性が高い商品である。流通にとってみれば、価格が高過ぎて販売数が伸びていなかったブルーレイという次世代DVD規格対応のプレーヤーを販売するために、高画質テレビを買いに来た消費者にプラスワン商品として購入を検討してもらえる絶好の機会を創出できる。

　つまり、食品であればメニュー、ファッションであればコーディネート、家電であればライフスタイルといったカテゴリー全体に関するコンテクストプランニングを視野に入れた、消費者にプレゼンテーションしやすい商品が流通にも受け入れられやすいということだ。

◆流通側は、メーカーに対してどのような働きかけをしていくべきか？

　流通側は、商圏の消費者が何を望んでいるのか、すなわち「消費のニーズ」をもっと把握すべきだ。これまでのように、人気商品を安い価格で店頭に並べるだけでは、品揃えが画一化し競合他社との差別化が図りづらくなっている。消費者が本当に望んでいるコトや売り場での買われ方についてきちんと把握し、その情報をもとにメーカー側に「売り場をこうしたい」と働きかけ、場合によっては商品開発にまで踏み込んでいくべきだ。

＊＊＊「アクオスブルーレイBD-HP1」は、2007年3月20日に発売されたシャープのブルーレイディスクプレーヤー。再生専用機だが、同社の液晶テレビ「アクオス」（i.LINK端子搭載のタイプ）に専用ケーブルでつなげばハイビジョン番組を録画することができる

「買われ方調査」にみる店頭の役割

　ここからは、購入決定のカギを握る店頭の状況についてさらに詳しくみていく。電通の「買われ方調査」によれば、約6割の人が「値段の高いものはそれだけ品質がよいものだ」と回答している一方で「会員割引やポイントセール」への期待度も高かった。30商品カテゴリーのうち最もこの特典への期待が高かったのは、家電量販店で売られる商品群および化粧品で、他カテゴリーより価格の高い商品であった。

　これらはまた、「店・場所をのぞいて商品チェックを行う」カテゴリーでもあった。消費者は、店頭を実物確認ができるショールームとして使いこなしているようだ。

　また、商品の購入前に、ウエブの商品比較サイトなどを見て来店する傾向も見受けられたが、店頭において、店員による商品説明やおすすめもしっかり聞くなど最後まで情報収集を繰り返していた。また、化粧品については、店頭で見て、聞いて、さわって、さらにお試し体験やサンプルも見逃さないという、アグレッシブな消費者像も浮き彫りになる。

　お金をかけるモノとかけないモノと、買い物にめりはりをつけ、こだわりのある分野については高額商品に信頼を置きつつ、情報収集をしながら自分

の目で確かめ、商品をできるだけ安く買いたいという本音がうかがえる。そして、購入後にはリアルとネットの双方で使用感などの情報をシェアしている。

　買われ方調査では、約6割の人が化粧品をドラッグストアで購入していたが、購入中断チャネルとして最も高い数値だった。ドラッグストアが購入検討の場になっている様子もうかがわれる（図3-7）。チェーンドラッグストア全体の購買履歴データ分析＊＊＊＊からも、ドラッグストアの売上構成比の約4分の1が化粧品カテゴリーになってきていた。ここ2年ほどで、ドラッグストアの化粧品販売額は約3割も伸び、化粧品カテゴリーの売上総額をけん引している。

図3-7　化粧品(メイクアップとスキンケア平均)の購入・購入中断チャネル

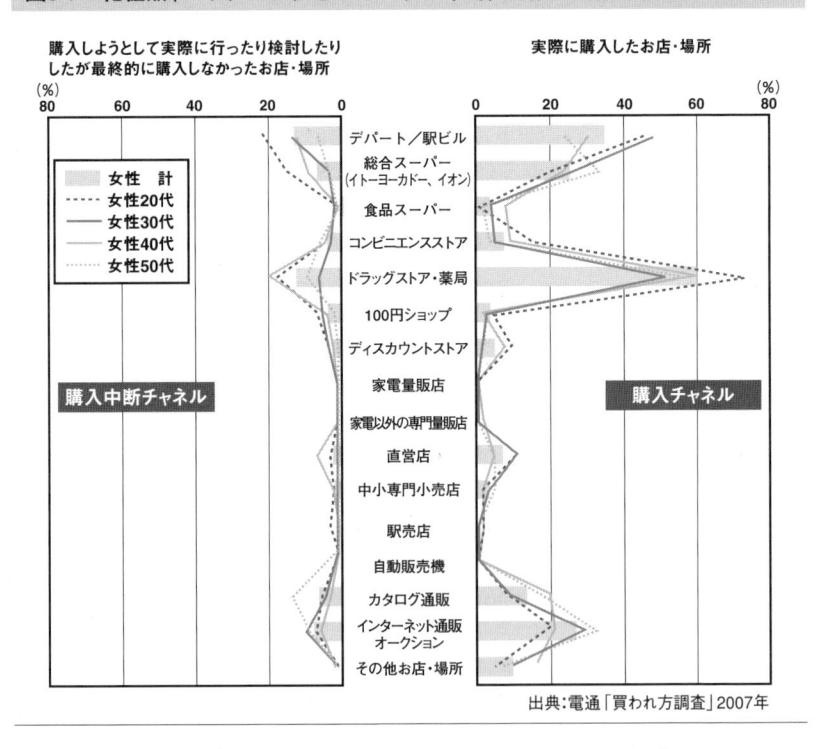

出典：電通「買われ方調査」2007年

＊＊＊＊　「日経MJ」（2007年1月）掲載の「カスタマー・コミュニケーションズが保有する全国ドラッグストアでのID付POSデータ分析結果」参照

購買行動の観察調査にみる店頭コンタクトポイントの役割

　店頭におけるさまざまなコンタクトポイントは消費者にどのような影響を与えているのだろうか。化粧品購入層の中心である20～40代の女性のドラッグストア店内における化粧品購買行動を観察調査した。彼女たちの標準的な行動パターンをまとめてみると、まず店外（遠距離）から、メーカーのテレビCMで記憶に残っていたタレントのポスターを見て近づき、その感覚的イメージや仕上がり感に引かれ、中距離では、店舗作成POPによるニュース的ワード「新商品」、「オススメ」、「価格」などがアイキャッチになり至近距離まで接近する。商品に好意を抱くと、サンプル＆テスターでカラーバリエーションをトライアルし、検討を行った。その際には、商品にタレントイメージが付いていることも引きにつながっていた。

　化粧品のなかでも、ポイントメイク品はタレントやビジュアルイメージが強く関わり、店頭で感覚的なシーンを目にすることにより、テレビCMなど記憶に残る再認率が高まっていった。化粧水などのスキンケアカテゴリーの場合は、特徴的な効能を表すワンメッセージが、店内における認知・再認に必要なようだ。

　「買われ方調査」で購入重視点を尋ねたところ、「なじみの商品であること」と「商品の品質・性能などの特徴」がそれぞれ6割以上を占めた。

　効能が伝わりやすいワンメッセージを遠目からも目立つ配色で大きく示したPOPが、買い物客の関心を引き、中距離では詳細情報や効用を示した店舗の手書きPOPが読まれていた。また、商品近くではパッケージの機能説明を読み、さらに詳細情報を確認していた。そして、好意を抱くと、サンプルをトライ、さわった使用感から購入を検討するという流れがみられた。こうした結果から分かるように、店頭では、商品と買い物客の距離ごとに適正な情報PRが必要なのである。

　化粧品を買った人の約3割は、「店・場所をのぞいてチェックする」とし、購入せずとも、事前にサンプル＆テスターを用い情報収集を行う人が多いようだ。そういう意味では、テレビCMなどの広告展開時点から店頭まで一貫

して伝えられる印象的なイメージと分かりやすいワンメッセージは、リピート接触による記憶の再認に重要な役割を果たすと思われる。

業態別に異なる店頭コンタクトポイントの役割

買い物客への定量調査「VALCON」で得られたデータを流通小売業態別に分類し、消費者の購買行動の過程で、店内における「どこの何が」刺激となったかを業態別に再整理してみた。

● コンビニエンスストア

店内で購入決定までに最も注目されたのは「大陳（ボリューム陳列）や山積み」であった。整然としたコンビニエンスストアの店内では、飲料棚一段占拠や囲い込みなど、商品を際立たせる陳列が逆に大きな影響を与えるようだ。

● 総合スーパー／スーパーマーケット／家電量販店

消費者の半数が店頭で商品に事前接触していた。総合スーパーやスーパーマーケットの場合、毎日買い物をする主婦が多いだけに、事前の接触も当た

コラム　インターネットが核となるWeb2.0時代の売り場と情報開発

株式会社ビジュアルソウケン　宇都宮 吉宏氏

工業化社会では、売り場はつくり手（メーカー）主導の「商品供給場」、成熟化社会では売り手（流通）主導の「商品陳列場」、情報化社会では使い手（消費者）主導の「価値選択場」へと変化している。特に、パソコンやケータイの価値がハードからソフトへ移行し、ブログやSNS（コミュニティー型ウエブサイト）の台頭が顕著になったWeb2.0（2004年頃から登場した、特定の技術やモデルではなく「次世代Web」を総称）以降、「価値選択場」

り前のように思われるが、家電量販店でも、購買前にわざわざ店頭で商品を確かめていた。

　家電量販店で商品を購入する際には、「通常陳列のPOP」や「商品に付いているシール」などが注視されていた。店内における消費者の意識・行動の変化をステップ別にみると、「販売員の説明」によって商品に対する好意を抱き、「機能比較一覧」や「商品パンフレット」で検討に入り、購入決定には「店員との会話」や「機能比較一覧」が影響を与えていた。

　一方、総合スーパーやスーパーマーケットでは、店内の「大陳や山積み」が最も注目され、加えて「試供品、増量パック、テスター」で好意を抱き、購入決定には「大陳や山積み」、「通常棚のPOP」、そして「割引クーポンやポイントプラス」が影響を与えていた。

● ドラッグストア

　購買時点では「通常棚やエンドのPOP」が注目されており、意外にも「大陳や山積み」は3番手であった。買い物客は、入り口近辺でよく見かける「大陳・山積み」を無意識のうちに通り過ぎ、店内の通常棚で商品を確かめて購入しているようだ。

　店舗イメージとは相反するような購買行動は興味深い。整然として画一的

としての売り場における情報のありようは大きく変化する可能性がある。

　売り場における普遍的なテーマは「だれに、どのような価値（≒商品やサービス、体験）をいかに提供し、顧客満足を最大化できるか」であり、今後はそうした「価値」伝達のための情報のありようが同時多発的に変貌することになるかもしれない。

　消費者が「情報」を受信する最大器官は"視覚"であり、視覚に訴える価値訴求が重要であることには変わりないが、情報の発信元と受信方法は大きく変化する。工業化社会では、メーカー発信・消費者受信（メーカーPOP）、成熟化社会では、（メーカー&）流通発信・消費者受信（大陳や人気ランキング、店のおすすめPOPや動画など）、情報化社会では、メーカーや流通の情報発信に加え、消費者による情報の受発信が大きな影響を及ぼすことになる。

なコンビニエンスストアではボリューム大陳で買い、雑然としたドラッグストアでは整然と並ぶ通常棚で購入する。意外性や特異性といったことが、「発見」のためのキーワードなのかもしれない。

　次に、どのような情報メッセージが店頭で効果的かを流通業態別に整理してみたい。購買に効いた情報メッセージを分析してみると、コンビニエンスストア、総合スーパーやスーパーマーケット、ドラッグストアなど消費財主体の流通業態では、ほぼ変わらずに「商品の名前」、「商品の品質・性能などの特徴」といった商品情報や、習慣的な「なじみの商品」、「商品の店舗価格」などのお得情報が購買前にチェックされていた。

　一方、家電量販店では他業態と比べ「いま売れている・人気がある」や「お店が特にオススメしている」などの話題性が突出して高くなっており、家電量販店を、実物をチェックする場として、購買予定はなくても新しい情報をキャッチする場として利用する人も多いのではないだろうか（図3-8）。そういった意味でも、家電量販店の店頭コンタクトポイントには「情報の鮮

図3-8　家電量販店での購入への影響度

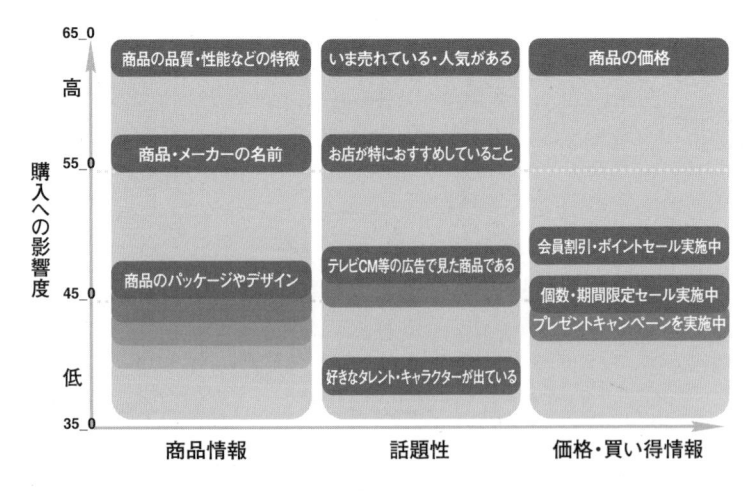

購入への影響度	商品情報	話題性	価格・買い得情報
高 (65.0)	商品の品質・性能などの特徴	いま売れている・人気がある	商品の価格
(55.0)	商品・メーカーの名前	お店が特におすすめしていること	会員割引・ポイントセール実施中
(45.0)	商品のパッケージやデザイン	テレビCM等の広告で見た商品である	個数・期間限定セール実施中／プレゼントキャンペーンを実施中
低 (35.0)		好きなタレント・キャラクターが出ている	

出典：RETAIL-VALCON®2006年

度」が必要といえよう。

　このように、消費者が購買時点に接する店頭のコンタクトポイントの種類や効果的なメッセージは、流通の業態別に差がみられた。業態や商品カテゴリーごとに異なるコンタクトポイントの役割を明確に把握し、自社の売り場が、消費者が最も効率的に購買に向かえるかたちになっているのかどうか、検証を重ねていくことも有効な一手となろう。

2 売れる店の売れる仕掛け

購買までのストーリーを描く

　前述のコンタクトポイントの視点に加え、ここではそれぞれのポイントでどのようなメッセージを発信すべきかにフォーカスしたい。

　高付加価値商品の場合、その価値を十分に伝えるには多量の情報が必要となる。ヒット商品が出にくいといわれる昨今だが、商品についていろいろな情報を提供するテレビ通販発のヒット商品や、健康成分についてテレビやドラッグストア店頭で紹介されたものがクチコミサイトなどを媒介にヒットにつながるなどという現象も起こっている。こうした事例をみてみると、大量の情報を購買に結び付けるためには、情報を的確に伝えるコミュニケーション戦略と、伝える工夫がこれまで以上に重要になっているといえる。

　こうした大量の情報を的確に伝えるスキルは、別の言葉でいえば、情報という素材を使って、消費者が感動し、納得して購買するまでの「ストーリーを描く」ということになる。先に並べたコンタクトポイントを的確に使いながら、どのようなストーリーを描いていくのか――これが、今後の勝負の分かれ目になる。

購買ストーリーを描くツール

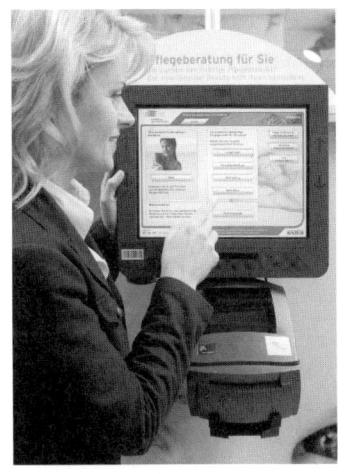

ドイツ、メトロ社 フューチャーストア（©METRO_AG）

　まず、さまざまな売り場で展開されている「ストーリーを語る工夫」をみてみたい。昨今、売り場で多くの情報を伝える試みは、IT技術を利用し、さまざまな場所で行われている。現在注目されているのがRFID技術*****である。日本でもイオンなどで実験が行われているが、先進的な例にドイツの流通であるメトロ社の「フューチャーストア」がある（写真3-1）。この店では、商品棚に仕掛けた装置からラジオ電波を発信し、買い物客の持つ端末に最適な情報を流している。たとえば、生鮮食品のコーナーではレシピ情報を、ワインコーナーではそのワインに合う料理の情報を配信する。動画や音声を利用した豊富な情報をタイミングよく配信できるので、買い物客の納得感や、何より楽しみを獲得しながら販促につなげることができる。ただ、現状ではまだこれらの装置の価格が高いため、単価の安い日用品市場では普及したシステムになっているとはいいがたい。

　こうした技術をいち早く取り入れているのは、高いコストをかけても採算の取れる高価格帯商品の流通である。たとえばニューヨークの「プラダブティック」。ここで使用されていたシステムは、買い物客が商品を持って試着

写真3-2

ニューヨーク、プラダブティック（Courtesy of PRADA）

室に入り、その商品についているタグをリーダーに読ませると、ディスプレーでその商品が登場するコレクションの模様が流れ、サイズや色違いの在庫など、さまざまな情報を確認することができる（写真3-2）。こうした技術は、少しずつではあるが日本の百貨店などでも導入されつつある。

＊＊＊＊＊RFID技術＝ID情報を埋め込んだタグ（チップ）から微小な電波を発信し情報をやりとりするもので、流通業界においてバーコードに代わる商品識別・管理技術として研究が進められてきた

POPなどで購買ストーリーを描く

　情報を利用した購買までのストーリーづくりは、先端技術がなければできないわけではない。百貨店やセレクトショップの目利き店員、自動車ディーラーのカリスマ販売員たちは、特に先端技術を利用することなく、高い売り上げを誇っている。彼らは買い物客に欲しい、気になる、知りたい情報について尋ねられれば、必要な情報を提供するだけでなく、思いもかけなかったような提案をしたりする。こうした「売れる売り場」は、商品知識とお客さまとの対話力というスキルによって購買ストーリーを提供してきたといえるだろう。

　●売り場の工夫によるストーリーづくりの例〜情報の構造化
　現在の売り場を観察してみると、購買ストーリーを提供するためのさまざまな工夫がみられる。たとえばドラッグストア——栄養成分や機能に関する情報をはじめ、大量の情報処理が必要なこの業態ではいろいろな角度からトライアルが行われており、店内メッセージにもさまざまな工夫がみられる。
　ある店舗での栄養食品の販促事例を紹介しよう。遠くからでも見えるよう

に、大きなポスターに大きな文字で「夏の疲れた肌に」とある。買い物客は、そこに何があるかは認識できないが、興味を惹かれて売り場に近づく。すると、中くらいの文字で「ヒアルロン酸配合」と栄養成分名が書かれたPOPが目に入ってくる。さらに近寄ってみると、POPには「その成分がなぜ体によいのか」が分かりやすく記されている、という具合である。

情報を一度に提示するのではなく、買い物客との距離によって伝えるメッセージを小出しにして買い物客を引き込む——売り場に必要になる大量の情報をいわば「見出し」、「頭書き」、「本文」の3つのレベルに編集し直して提供することで購買ストーリーにつなげている事例である。

●より効率的なストーリーづくり～店外の情報も利用する

ストーリーづくりをもうひとつ上のレベルで効率的に行うためには、店外情報との連動が効果的である。「AISAS」モデルでも分かるように、最近の買い物客はさまざまな場所で「見出し」、「頭書き」、「本文」にレベル分けされた情報に接している。たとえば、化粧品の広告でタレントの顔や商品の名前といった「見出し」を印象に残し、キャッチコピーのような「頭書き」をなんとなく覚える。興味を持てば、インターネットの「@cosme（アットコスメ）」などのサイトや専門誌などから、広告とは異なる「頭書き」や商品の詳細情報である「本文」に該当する情報を蓄えるのである。

店外におけるストーリーの導入を理解している売り場では、買い物客の頭のなかにある情報をうまく利用しているケースが多い。商品棚で「見出し」～「本文」までを独自に展開するのではなく、遠くからタレントのポスターを見せることによって広告が提供する「見出し」からブリッジをつくり、売り場のPOP、「頭書き」にあたる部分には、インターネットの掲示板などから「メイクアップアーティストの×××さんも推薦！」という情報を引用する。そして、商品棚に近い場所では、「ホントにいいんです！私の体験では…」などといった店員手書きの推薦文を「本文」として展開する。このような事例は、「店外にある情報をうまく利用し、独自に編集する」効率的なやり方といえる。

買い物客が「AISAS」のプロセスにおいて獲得する店外のさまざまな情報

について知り、その店に最適な方法で「ストーリーとして編集する」ことがより効果的な販売につながるのである。

●ストーリーは「きっかけ」から始まる

買い物客にストーリーを提供する「最先端技術」と「カリスマ店員」には、「多くの情報を語れる」こと以外に共通点がある。それは、買い物客が自らタグをかざしたり、店員に質問することによって情報提供がスタートすること、つまり、技術の目新しさや、店員の気の利いた声掛けといった「きっかけ」が売り場におけるストーリーづくりのスタートになるという点である。

買い物客に声掛けのできないPOPの場合でも同様に、買い物客から「きっかけ」を引き出すことが重要になる。そのためには、「買い物客がほしい、興味のある情報は何か」を見極めること、そして、それに合わせた情報を編集し、提示することが必要になる。そしてこれが、「情報編集力」と並んで21世紀の店が持つべきもうひとつの大きな力である「マグネット力」につながるのである。

コラム 高付加価値と値引き ～正反対の概念の両立

今後は、付加価値型商品とは反対に、「値引き」に力点を置いた流通展開の拡大も予測される。流通の寡占化によるボリューム仕入れは必然的に仕入価格の低下につながり、これが値引きの原資となっていく。そうした状況は日常的にみられるが、利益が薄くなるので、経営の最大のポイントは「店舗運営の効率化」になる。そして、効率化を実現するためには、高付加価値商品中心のケースとは異なる店づくりが必要になり、ある程度以上のレベルに入ると、差別化にはかなりの体力が必要となる。

アメリカでは、消耗戦を避けるために高付加価値商品中心にシフトする方向とともに、「高付加価値商品＝予算と手をかける／コモディティー＝できるだけ簡単に」という2つの特徴を合わせ持つ「ハイブリッド」という業態が現れているという。

売り場のマグネット力

　購買までのストーリーの編集力とともに、売れる店にとって必要なもうひとつの力。それが売り場のマグネット力である。ニューヨークの「プラダブティック」の試着室で目にする「試着している服がミラノのランウェイに登場する様子」や、カリスマ店員がそっと教えてくれる「ちょっといい話」は、買い物客にとっては新しい発見や驚きであり、それが魅力となっている。また、新しいトレンドとしては、ニューヨークの「アバクロンビー＆フィッチ」のショップや東京ミッドタウン内の「RESTIR」などで見られる、極端なまでのブランドワールドの展開もあるようだ。こうしたショップの店内は、クラブのように照明が暗く、大音量の音楽が流され、モデルのような店員に接客を受ける。商品が見やすいとはいえないものの、強烈な個性を発信している。

　忙しい生活を送る買い物客を相手に、オーバーストアが進む厳しい競争下で生き残るためには、「他店でなく、その店に行く楽しみ＝意味」、あるいは「買い物をする理由がなくても、行ってみれば楽しいことに出会えるかもしれないという期待」がますます重要になってくる。こうした視点でみると、発見や驚きをどのくらい提供できるかが店舗の強みの大きなポイントになっていくといえよう。このポイントが難しいのは、それが一回できれば十分なのではなく、いつ行っても楽しそうと思わせるための「継続」が必要であるということだろう。

　そうした「継続」をうまく獲得している例がある。品川駅の再開発などを皮切りに、最近注目されている業態に「駅ナカ」（駅構内ショッピングコンプレックス）である。消費者が通勤や通学で必ず通る空間に店舗を構えることは、「その店に継続して来る理由づくり」というハードルを大幅に軽減することになり、「駅ナカ」という新業態は、他業態の苦戦を尻目に順調に売り上げを伸ばしている。

　「駅ナカ」の有利なポイントは、消費者がその店の前をほぼ毎日通るという習慣性である。一般のお店の場合には、その店にわざわざ行く理由が必要に

なるが、「わざわざ行く」を習慣化させることは、より安定した経営に向かうひとつの方法となる。買い物客を引きつける「マグネット力」と、それを継続させた結果の「寄ってみたい気分」を開発するために多くの流通が競い合うのが、「いつ立ち寄ってもフレッシュで、何か目新しいものを提供してくれる」店づくりなのである。

マグネット力を継続させるさまざまな方法

　常に新しさをつくり出すために従来から使われているのが「売り場テーマ設定」である。買い物客の来店頻度の高いスーパーマーケットでは従来から、「52週カレンダー」などを活用し、消費者が常に新しさやタイムリーさを感じる売り場づくりを日替わり、週替わりで心がけてきた。こうした「新しさを継続的に提供する」動きは他の業態でも加速しており、ファッション小売店でも2週間ごとに売り場の構成を変えるといった努力が続けられている。

　最近、世界各国で継続するマグネット力を獲得する方法として多くみられるのがショッピングモール化である。日本でも「イオン」や「イトーヨーカドー」などの総合スーパーはもちろん、家電量販店でも、書店やレストランなどのテナントを入れることで、「その施設に行けば何かある」、「家族で一日をそこで過ごせる」という期待を抱かせる状況をつくり出している。ロードサイドでも、ホームセンターが食料品店や複数のレストランなどと組んで出店している例などもあり、「いろいろなモノを集める」ことで継続の力を生み出す方法はひとつの潮流となっている（写真3-3）。

写真3-3

ロードサイドの集合型店舗

情報編集力とマグネット力の組み合わせ

　今後、「商品の魅力を伝える情報編集力」と「行ってみたくなるマグネット力」を合わせ持つ売り場――おしゃべりで楽しい売り場が力を持つことは間違いない。ここで注目したいのは、実際に業績が好調な売り場は、これら2つの要素を別々につくり出しているわけではなく、「編集した情報が売り場の楽しみになり、買い物客を引きつける」という状態（おしゃべりが楽しい売り場）をつくり出しているという点である。そして現在、こうしたニーズに最もダイナミックに対応している業態のひとつがドラッグストアである。ドラッグストア業界の動向や今度のトレンドについては、下記のコラムを参照されたい。

専門家に聞く③	今後の売り場動向

ニューフォーマット研究所主宰　日野眞克氏

◆現在の市場の状況とお店の課題は？

　日本における流通の売上高は1997年にピークを迎え、以降は減少傾向が続いている。これは、実は戦後の日本人がこれまでに経験したことのない大転換であり、まずはその現実を自覚することが前提になる。人口が増加していく時代では、「必需品」を売り場に置いておけば売り上げは伸びていった。しかし、人口が減少に転じると買う人が減っていくのだから、従来の方法では売り上げの維持ができなくなる。

　店舗が増加し、現在のようなオーバーストア状況になると、必需品を売る店の競争軸は価格、つまり値引きになりがちになる。過去10年、そうした値引きによって3兆円分の売り上げが失われたというショッキングな試算もある。

　市場が縮小する時代において、店舗に必要なのは「必需品」とは反対の「付加価値品」の需要創造へシフトすることだろう。単純な価格競争に陥らない、潜在的な価値を持つ商品を扱うことが必要になる。その根本は、空腹を満たすといった「必要の消費」から、キレイでいたい、健康になりたいといった「欲望の消費」へのシフトである。こうしたシフトはゆっくりだが確実に始まっている。1997年の売上

げピークから約10年を経て、市場がようやく現実味を帯びながら反応し始めているのではないだろうか。

◆そうした時代にお店に必要な戦略は？

　潜在的価値を持つ付加価値商品の「隠れている価値」をお客さんに分かってもらうことが必要だ。そのためには、従来よりもていねいに、時間と手間をかけてお客さんに商品の価値を伝えていくことが求められている。その点では、効果を実証データで裏づける「エビデンス」とともに、商品の良さを実際に体感してもらったり、商品の使い方を理解してもらう店頭MD（マーチャンダイジング＝小売主導の商品政策）が重要になる。

　そうした視点から考えると、地域密着型のドラッグストアは、大手チェーンに比べて、店頭を通したていねいなコミュニケーションに向いているといえるだろう。

　付加価値商品をうまく扱う店の将来像として、アメリカでは「ハイブリッド」という、消費者の変化に対応した業態が登場している。これはひとつの店舗のなかに、オペレーションコストを下げた簡素な売り場で必需品を安く売るセクションと、実演販売やカウンセリングをともなった付加価値商品を販売するセクションが同居しているといった形態である。これなどは、いまどきの「付加価値商品と必需品で買い物の仕方を使い分けるお客様」に対応した業態といえるだろう。

◆ていねいなコミュニケーションは、 　どのように企画・実施されるべきか？

　店頭のオペレーション作業は膨大な量であり、24時間フルに対応しても足りないくらいといわれる。流通だけで課題を解決することは難しく、メーカーや広告会社などのサポートが必要になるのではないか。

　私は、今後そうした役割を担うのはMDであると考えている。マーケティングは、ある意味では机上でも可能だが、具体的なプランが店頭でどのようなかたちになるのか、どうしたら実現できるかを把握しながら、商品の仕入れから物流手配、売り場における情報発信などまでの、リアリティーを視野に入れて行うのが真のMDなのである。今後、そうしたスキルを持ったプロが必要になってくるのは間違いないと思われる。

ストーリー編集力とマグネット力の継続

　では、店舗において「購買までのストーリー」と「マグネット力」を開発するにはどのようにすればよいのだろうか。最新スペックが満載の家電製品売り場でしばしば目にするのは、買い物客が立ち止まり、「どこから見始めればいいのだろうか」ととまどい、結局は時間がなくなり売り場を立ち去ってしまうといった光景である。

　魅力的な商品があっても、その商品についての情報がストーリー仕立てにならず、ただ投げかけられる場合、大量の情報は買い物客にとって意味がないどころか、マイナスに働くこともある。

　そこで考えねばならないのが、買い物客に対して買い物をする環境を「デザイン」することである。

　電通では、魅力的な売り場づくりのためにさまざまな役割を想定し、店頭の環境をデザインする「プロモーションデザイニング」の重要性に着目している。そこで、プロモーション領域におけるデザインが店頭の購買行動にどのような影響を与えるかについて、「ビール」、「シャンプー・リンス」、「食用油」の3カテゴリーを対象に流通店頭で購入者対象の調査（300ss）を行った。

　3カテゴリーに共通だったのは、特定のブランドのロイヤルユーザーを除けば、売り場での完全な「指名買い」が1、2名だったことである。つまり、10年以上も前からの傾向は現在も変わらず、銘柄を特定のモノに決めている人以外は、消費者は銘柄決定を店頭まで保留し、店頭で買う商品を決定しているのである。

　そうした与件を前提に、「カテゴリーのみ決定して店頭でブランドを決定／決めてきたブランドがあったが、店で検討して他のブランドを購入／そのカテゴリーのモノを買うことすら事前に予定をしていなかった非計画購買」という3つの「店頭での購買ブランド決定」の買い物モードに着目し分析したところ、店頭におけるブランド決定プロセスにはカテゴリーごとに次のような特徴が表れた。

●ビール

　店頭で「CMの広告イメージ」の想起が購買のきっかけとして機能している。そのため、CMのビジュアルなどを生かしたディスプレーに、視認性を高める店内導線やVMD（ビジュアルマーチャンダイジング）を効果的に活用することが成否のカギを握る。加えて興味深かったのは、購入の決め手に「商品自体のデザイン」という回答が多かったことである。店頭で銘柄を決める場合には、商品のパッケージや山積みされるアウターカートンのデザインの果たす役割が非常に大きいようだ。

●シャンプー＆リンス

　購買のきっかけづくりにはCMの貢献度が高い一方、店頭での決め手要因では「価格」が、ブランドスイッチの理由としても他カテゴリーよりも高く現れた。また、「銘柄を決めずシャンプー・リンスを買う目的があって」来店した層では、きっかけ、決め手ともに「テレビCM」と「商品デザイン」のスコアが高い。秀逸な商品デザインが軸になり、それが登場するCMを思い出すことをきっかけに、大陳などで商品を露出させる方法が有効だといえるだろう。

●食用油

　このカテゴリーで顕著なのが、「売り場で検討し、事前計画と別のブランドにした」層が購入した商品については、「店外で事前に情報接触した」率がゼロであったことである。さらに、いずれの購買モードでも一様にきっかけ、決め手が「商品デザイン」、「商品機能表示」の順にスコアが高いことであった。事前にあまり情報を取っていないカテゴリーでは店頭で検討が多く行われるが、原料や機能をイメージさせる多色パッケージや、その効能をうたったキャッチコピーが店頭で効いているようだ。

　そうしたカテゴリーの特性を理解すれば、「プロモーションデザイニング」をより精緻なものに改良することが可能になるであろう。以下、購買行動とプロモーションデザイニングについては、73ページのコラムを参照されたい。

| 専門家に聞く④ | 「購買行動とプロモーションデザイニング」の最前線 |

九州大学大学院 芸術工学研究院教授　清須美 匡洋氏

◆消費者の購買意欲を高める「プロモーションデザイニング」

　消費者は、店舗におけるデザイン〜ディスプレー、オペレーション、VMD、店舗内POP、プロモーションなど、さまざまな点から情報を認識し、選択している。ここでいうデザインとは、狭い意味でイメージされがちな「形や色を付加すること」ではなく、高次のデザイン、すなわち技術を人間化し、目的にふさわしいかたちで具体化、具現化するすべての所作を指す。消費者が店舗で商品に気づき、選択し、購買するさまざまな要因をコントロールすることすべてがデザインであるといえよう。私はこれを「プロモーションデザイン」と呼びたいと考えている。商品ブランドをデザインする際に忘れられがちだが、特に重要なのが、店舗におけるブランド体験づくりである「プロモーションデザイニング」になる（図3-9）。

　店舗における「プロモーションデザイニング」は、消費者が事前にその商品を認知し、その価値をどれくらい知っていたか、その商品と消費者の関係（たとえば、日用必需品、耐久消費財、飲食物など）によって店舗内の理想的な体験が異なるため、それに応じて異なったさまざまな情報訴求のレベルやそれに応じたデザインが必要になる。

図3-9　プロモーションデザイニング

お客様の購買行動 →

before	on	after
	店舗内体験	
購買前のプロモーションデザイニング	店舗でのプロモーションデザイニング	購買後でのプロモーションデザイニング
事前情報・価値基準の形成	好体験・共感の形成	CRM・ロイヤルティーの形成

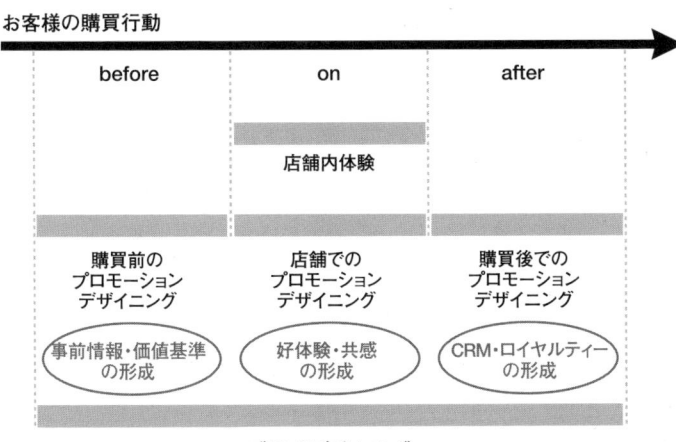

ブランドデザイニング

◆プロモーションの微妙な差異が購買行動に変化をもたらす

　私たちは現在、商品と消費者との関係についてさまざまな調査を行っている。この結果から店舗にてブランドスイッチが行われた商品カテゴリーごとの相違を分析し、より効果的な「プロモーションデザイニング」企画のためのルールづくりをめざしている。たとえば、ビールメーカーがブランドスイッチを店頭で仕掛ける場合、「事前情報によるイメージ告知＋店舗の導入陳列＋パッケージデザイン」という3つのプロモーションポイントが重要であり、これを工夫することで、その商品の購買力が高まる。

　店舗におけるちょっとしたデザインの違いが、消費者の購買行動に変化をもたらす大きな要因となる可能性を秘めている。今後、プロモーションデザイン領域の研究は、マーケティングやデザイン領域だけでなく、感性工学も含めた統合的な研究領域としてますます興味深いものとなるだろう。

ストーリー編集力とマグネット力の継続をつくり出す
＃ステップ1～売り場情報の整理とプライオリティー付け

　ここでは、店舗におけるプロモーションデザインを考えるにあたって、具体的になすべきことをステップに分けて整理していく。

　まず必要なのは、売り場に必要な多くの情報の役割の把握と整理である。電通では、売り場で必要とされる情報を3つのタイプに整理し、プライオリティー付けを行うことで、売り場における情報編集に指針を設け、買い物客が適切な情報を得てストーリーを感じ、買い物を存分に楽しめるような売り場づくりを提案している。売り場で必要とされる情報のタイプとは、大きくは次の3つに分類される。

●必要最低限の情報を分かりやすく整理する──Navigation（ナビゲーション）
●深く、詳しい情報を提供する──Information（インフォメーション）／Education（エデュケーション）
●新しい提案性や驚きを提示する──Inspiration（インスピレーション）

　以下、3つについて詳しく解説していく。

●必要最低限の情報を分かりやすく整理する——ナビゲーション

　商品の場所を示すなど、買い物のしやすさをサポートする最もベーシックな情報である。多くの人々がもれなく、直感的に理解できるデザインが重要となる。課題の発見のためには、「エスノグラフィー調査（観察調査）」などが有効と思われる。売り場観察において、商品の置いてある場所の見つけにくさ、文字が小さいことによる読みにくさ、スペースの入りづらさなど、不便を解消することで解決していける最も基本的な情報体系である。

・ナビゲーション開発のポイント

　その売り場にどのようなカテゴリーの商品があるか、どのようなサイズがどの棚にあるのかなどの最も基本的な情報であるナビゲーションについては、VMDなど、さまざまな分野でその方法論が確立されている。どんなに優れたメッセージであっても、そのサインが視線を向けやすい位置になく、目に触れることがなければ、その情報は「そもそも存在しない」のと同じで、人間工学的な視点からの「ルール」をしっかり守って企画したい。

　また、売り場でその情報ツールがどう運用されるかの想定も重要なポイントである。最も基本的な情報が、売り場の状況によって他のPOPで隠されてしまったり、島陳設置のために移動されたり、後回しにされることで買い物客に視認されず、無駄に終わっている例は枚挙にいとまがない。

・ターゲットによって異なる「ゴールデンゾーン」

　人間が視線を向けやすい位置というと、陳列棚の「ゴールデンゾーン」が最も典型的な例であろう。「ゴールデンゾーン」は自然な状態で立った際に目に入りやすく、手を伸ばしやすい高さとして設定されることが多い。「標準的な体型」の買い物客を想定して設定されるが、商品によっては「標準的な買い物客」の定義をし直す必要がある。

　たとえば、欧米の玩具POP業界においては、子どもの目の高さを意識して高さを設定することが常識の一部になっており、ファストフードの店舗などでもそうした店舗デザインが見受けられる。日本では逆に、拡大するシニア市場をにらんで、手が届きやすく、アクセスのしやすいゾーンなどの見直しを進める必要もあるだろう。

・見渡しのよい売り場──最適デザインから生まれる新しいトレンド

　ドラッグストアなどの業界でよく議論されるのがゴンドラの高さである。身長よりも高いゴンドラは、「大は小を兼ねる」考え方もあり、多くの流通で使われているが、天井のナビゲーションサインなどが分かりにくくなるというデメリットがある。

　一方、総合スーパーのヘルス＆ビューティーケア売り場やドラッグストアなどでは背の低いゴンドラの導入が増えている。これにより天井のサインが見やすくなるとともに、隣のゴンドラの商品にも目が向くようになったり、消費者が通路に入りやすくなるなどのナビゲーションをスムーズにする「副作用」もみられるようである。

　こうした例が示唆するのは、「従来こういわれてきたから」、「従来こういう企画だから」といった既成概念のよい点を十分に理解しつつも、それにとらわれず、買い物客の行動に着目し、買い物客の視点から改良できるポイントを見極めることが重要だということである。

●一歩踏み込む〜深く、詳しい情報を提供する
　──インフォメーション／エデュケーション

　次に、売り場でさまざまな商品に関わる情報を伝える「おしゃべりな売り場」をつくるために必要なのは、商品情報を伝えるインフォメーションと、理解を助けるエデュケーションタイプの店内情報である。

　たとえば、家電量販店においてインフォメーション／エデュケーション情報を引き受けているのが店頭の販売員である。複雑な家電商品について質問したときの販売員の対応レベルは店によって異なるが、電通の調査では、「価格が高くても、商品知識が豊富で、ていねいに説明してくれる店員のいる店舗で商品を購入した」という買い物客も少なくない。インターネットで情報を集める時代でも、販売員の知識量が価格を超える価値になりうる例といえよう。

・インフォメーション／エデュケーション開発のポイント
　情報量の多くなるこうしたタイプの情報にまず必要なのがユーザーフレンドリーなデザインである。比較すべきスペックが一定の位置にない家電売場の商品情報タグや、年配者向けの薬品の文字が細かすぎる説明書きなどは、悪い事例といえる。
　そして、もうひとつのポイントは「分かりやすさ、理解のしやすさ」である。その情報がその買い物客にとってどのようなよい意味を持つのか——機能が並んだ教科書を棒読みさせるのではなく、ストーリーのように分かりやすく、実感できるかたちで翻案することで理解が促進される。

・理解しやすさのために〜情報の構造化
　販売員ではなく、情報をPOPなどでカバーするためには、先に述べた「見出し」、「頭書き」、「本文」のように、最初から細かいことを説明するのではなく、大きな考え方から提示し、興味のある人にだけより詳細な解説を読ませるのが理想的な方法であろう。
　そうした際にも見出しの数はできるだけ絞ることが重要である。一般的に人間が一度に把握できる概念の数は3つから7つといわれており、集中して文章などを読むわけではない売り場では、その数を多くても3つ以下に絞り込みたい。

・ITツールの活用
　パソコンやIT機器は、大量の情報を効率よく、個々の買い物客に適したかたちで提供するために便利なツールである。先に紹介したニューヨークの「プラダブティック」におけるハイテク試着室をはじめ、アメリカのある家電量販店では専門知識の少ない、限られた人数の店員をカバーするために、売り場に専用のパソコン機器が設置され、買い物客がスペック比較などの情報を手軽にチェックできるようになっている。

● 発見や提案を楽しさに～驚きを提供する──インスピレーション

　売り場では「提案性」と称されることもあるインスピレーション。買い物客に心地よい驚きや新しい発見、楽しさや感動を提供する情報である。整理された、買い物客の期待通りの売り場は、たしかに買い物はしやすいが、無機的、期待通りでつまらない売り場になってしまうリスクがある。売り場は単なる情報効率化の視点からではなく、新しい発見や小さな共感を提供することによって、「何度も行く理由のある」店を生み出すという方向でも情報を検討する必要がある。

・インスピレーション開発のポイント
　最近日本に登場したイケアの店内では、商品である家具を組み合わせ、ターゲットを想定した小さな部屋が再現されている。単に商品をディスプレーするのではなく、そこに何らかのストーリーを設定してみたり、設置方法で若干の違和感を持たせたりすることで、買い物客の想像力が喚起され、それぞれの商品の魅力が高まる。

・「テーマ」を使いこなす売り場づくり
　「売り場テーマ」はよく話題になる言葉だが、ファッションブランドなどが用いる手法として「シーズンごとのテーマ」設定がある。「ミリタリー」や「海賊」などシーズンごとにテーマを決めることで、自然と次のテーマを決めるルールができる。
　また、そのテーマは展開するさまざまな商品の共通要素となり、商品の魅力を相乗効果的に広げていく。この手法はさまざまなツール、商品などのデザインでダイナミックに使うのが理想的である。こうしたテーマ設定が時流をとらえている必要があるため、高い情報収集力が必要とされるが、より身近な、その店のポリシーなどをテーマにすることでより安定した提案も可能にする。

・異質なモノの共存
　「ハードロックカフェ」は、レストランに楽器を持ち込むなど、異質なモノの組み合わせの妙で独自性を築いた。書籍や雑貨の複合ショップである「ヴィレッジヴァンガード」は、駄菓子、写真集、玩具など一見異質なモノをう

まく編集してみせることで独特の魅力を生み出している。

このほかにも、乱雑な商品の陳列自体が魅力となっている「ドン・キホーテ」や、商品の内容もさることながらディスプレー方法やライティングなどの演出で商品の魅力を引き出しているアメリカの「The Whole Foods Market」など、さまざまな例や手法が挙げられる。

こうした展開を継続するためには、「雑誌など、外部情報をうまく利用する」、「ストックを持っておく」、「買い物客の視点で発想し、異質なモノを組み合わせる」などの方法が有効であろう。

ストーリー編集力とマグネット力の継続をつくり出す
ステップ2〜「自分ゴト化」によるメッセージのつくり方

売り場における情報発信、特にエデュケーションやインスピレーションといった提案性の高い情報の基礎となるのが「買い物客のレレバンス(Relevance)の獲得」である。「レレバンス」とは「関連性」であり、ここでは特定の情報やものごとの「自分ゴト化」という意味に解することができよう。つまり、売りたい商品の優れた機能やその情報が、買い物客自身にとって役立つ・意味のあるものであると認識させるということになる。

そうした注意を怠ると、優れた商品であっても、「いい機能らしいけれどよく分からない、自分には関係ない（≒自分には必要ない）商品」ととらえられ、無視されてしまう。逆にいえば、少ないベネフィットであっても、買い物客の視点から、分かりやすく説明し語りかけることで、「自分が買うべきモノである」という認識を獲得することができる。こうした「自分ゴト化」のための工夫は、店頭も含めさまざまなかたちの広告で工夫されている。以下では、「自分ゴト化」の手法をいくつか挙げてみる。

●自分ゴト化手法①具体的使用シーンを見せる

ある商品が、具体的にどのようなシーンで使われるかを具体的なかたちで提供し理解させる方法である。

大型液晶テレビ商戦でみられたのが、大型家電店で、実際にリビングルームを再現し、そこへ商品を組み込むような事例である。売り場にズラリと並んだテレビ群ではなく、自宅と同じようなシチュエーションに大画面テレビが置かれていれば、買い物客はリアルな状況を想像するとともに、液晶テレビを単なる機械としてではなく、楽しみやワクワク感をもたらすものとして実感することができるだろう。

　こうした演出は、基本的ではあるが、商品の機能が十全であれば最も手軽にできる手法である。家電製品など、売り場が実際の使用シーンから離れており、使用シーンを提供することでベネフィットが想像しやすくなるカテゴリーに向くといえる。

●自分ゴト化手法②使う人視点のベネフィットを端的に伝える
　店頭のコミュニケーションは、つくり手や売り手の商品への思い入れの深さや法規制への配慮などから、分かりにくい機能を咀嚼することなく伝えたり、多くの情報を一度に伝えるといった過ちを犯しがちである。
　買い物客にとって、その機能が具体的にどのようなメリットがあるのかをメッセージすることが必要である。たくさんの情報がある場合は、最も買い物客に響きそうなメッセージに絞り、それをメインに伝えていくのが効果的だろう。

●自分ゴト化手法③専門家による推奨
　カリスマ店員のセールストークに始まり、近年ではCDショップや書店などで有効な手法として定着した「手書きPOP」や、通販などによく登場する「その道のプロや専門家の紹介」に代表される「よく分かっている人の推薦」である。
　化粧品や健康食品、家電、自動車、金融商品などのハイコンテクスト商品カテゴリーに有効な方法といえる。

●自分ゴト化手法④生声による推奨
　「自分と近い立場の一般人の感想」も効果的なコミュニケーションのひとつ

であり、インターネットサイトの書き込みなどもこれにあたる。販売している側では思いつかない用途やリスク、継続使用して初めて分かるメリットや不便さといった、納得度の高い情報の把握とコミュニケーションが可能となる。

ドラッグストアなどでみられるのが、売り場の店員が「自分が試してみました」と訴える例などであり、専門家ではなく、消費者と同じ視点で推奨することがポイントとなる。

ただし、ネガティブについての言及もあり、うまく扱うことが重要になる。化粧品や健康食品など、より実感が必要なカテゴリーで有効な手法である。

●自分ゴト化手法⑤エビデンス～事実や記録の紹介

効果や機能検証の各種実験で得られる具体的な数字などをベースにした説得である家電製品では、具体的な数値比較などが最終的な購買の後押しになることも多く、最も理性的な説得が可能な方法である。

健康食品や家電、自動車などのハイコンテクスト商品、また、食品などもその裏づけ情報がニュースになる場合には有効である。

●自分ゴト化手法⑥季節のシズル感

その商品を「そのとき買う」必要性を、幅広い人に訴求できる方法である。52週MDカレンダーや時事ネタに絡めた売り場テーマはその典型的な例といえる。

季節独自の用途や季節行事と絡めた使い方、また、単純に季節のシズルと商品をうまく絡ませた訴求などでも展開が可能である。

食品など、比較的いつでも購買できるカテゴリーの販促、子どもの運動会や行事で使われるデジタルビデオカメラや、年賀状の作成に使われるプリンターなど、特定の行事と販売のピークが結びついているカテゴリーで有効だろう。

●自分ゴト化手法⑦ローカルテーマ

地域密着型のプロ球団・北海道日本ハムが話題となったが、グローバル化

による情報の均質化が進むにしたがって、実感や共感が得られる「地域性」は買い物客が最も関心を抱きやすいテーマのひとつとなると考えられる。

実際の店舗があり、買い物客が住んでいる地域で共感性の高い行事やテーマに絡めるのは最もベーシックな手法である。

特定の外国や地域をテーマとした商品のアソートメント販売も演出しやすい。関西からコンビニの紹介で全国に広まった恵方巻きなど、知られていない地域の分かりやすいテーマはそのままニュースにもなり、定番商品でも知られていない地域と絡めれば新鮮感が演出できる。食品など、原産地が商品の大きな特徴になっている商品カテゴリーに有効だろう。

●自分ゴト化手法⑧ベストセラー

論理的な比較や判断が難しいカテゴリーや、選択基準の明確でないカテゴリーで効果的である。「いまいちばん売れています」、「××な方はほとんどこれを選びます」といった実績紹介は、迷っている買い物客の最後のひと押しに効果的である。

家電や各種のソフトウエア、コモディティー、自動車など、スペックの違いがあまり明らかでなく関与度の低い商品に有効だろう。

Chapter 3

3　インフォメーションミックス

情報編集力やマグネット力の壁

　情報（ストーリー）編集力とマグネット力の高い店舗を効率的に実現するためには、マス広告やインターネットなど、買い物客がお店以外のコンタクトポイントで見聞きする情報の力を利用することが重要になる。だが、一見当たり前に思われるこうした企画はなかなかその実現が難しい。ぼう大な業務量とともに、その実現を阻害していると考えられるのが、セクショナリズム、企業の間の意識の差、業態や組織の間にある「自分の範囲だけで仕事をする」に象徴されるような意識の「壁」である。

「広告は売り場を見ていない」、「マーケティングと営業の風通しが悪い」、「流通は営業としか話ができない」といった声が聞かれるなかで、効率とスピードが求められる現在の状況をふまえ、ますます賢く、自ら情報の発信者ともなる買い物客を相手に売りを実現するためには、「壁」を乗り越え、売る側のあらゆる努力をひとつの方向に束ねる必要があるだろう。

壁を超える「垂直立ち上げ」

　こうした問題の解決に努力した成功事例として、家電業界でしばしば引き合いに出されるのが「垂直立ち上げ」である。これは、新製品が最も価値を持つ発売日に、すべての店頭において、商品とPOPなどのコミュニケーション要素がもれなく計画通りに設置され、さらに、販売員が新製品をきちんと理解し、買い物客に対して説明・おすすめができるような状態にあることをいう。そうした状態をつくり出すことによって、発売日の話題性、店頭での存在感、購買客の期待すべてが高い状態で、最大の売上効果が生み出される

のである。こうした状態をうまく回らせるには、マーケットをよく理解した開発、売り場状況をきちんと把握し企画を作成するマーケティング、そして、開発同様のレベルで商品を理解し、お客様に商品の魅力を語り切れる営業という、意識の「壁」を超えた各セクションの連動が必要になる。

　こうした活動は、営業、マーケティング、開発の緊密な連絡と、それをベースにした周到な準備があって初めて可能になる。電通で実施した他業界の店頭実験の事例でも、「垂直立ち上げ」と同様に、商品・情報をきちんとメンテナンスしただけで売り上げが20％アップしたといった事例がみられた。

専門家に聞く⑤	アメリカにおける流通・小売業界の大変革

財団法人流通経済研究所顧問　池本正義氏

◆アメリカの流通事情で、最近注目すべき動きは？

　長いスパンでみると、アメリカに限らず日本も含め世界の小売業の経営形態は振り子のように揺れている。具体的には、本部（本社）集権政策と各店への分権政策が循環するということだ。

　現在は業種、業態を問わず、小売業の経営形態はチェーンストアオペレーション、すなわち本部（本社）へ権限を集中させる経営形態が主流になっている。しかし、この経営形態の問題点が大きくなり、経営を揺さぶり、業績を悪化させる要因になりつつある。本部集権主義は、近年特にITをコアとする科学技術によって極限まで追求されている。その結果、店それぞれの姿が最大公約数的、平均的なものになってしまった。どの店に行っても同じ商品、同じ陳列、同じ店舗プランというような結果を招いてしまったのである。

　結果として、小売業の本質であるアナログ的な、すなわち個別的であるべき顧客と店舗との関係が軽視されたものになってしまった。日本の量販店、百貨店にみられる業績の伸び悩みの原因もまさにそこにあるといえる。「ウォルマート」の経営効率が低下し始め問題になっているが、その理由もまったく同じだ。中央集権的経営で効率を追求する戦略に限界がみえてきたといいたい。

　振り子論的にいうと、近年の小売業の経営は、集権から完全な分権へとはいわないが、集権のよさを保ちながら、間違いなく個店の権限を強める方向に動き始めた

とみることができる。業態を問わず、多くのチェーンストアが「個店対応」という表現で政策の転換を説明し始めているが、このことからもそうした変化の始まりが理解できる。しかし、その実現は簡単なことではない。

◆そうした変化のなか、今後メジャーになってくるお店とは？

　日米を問わず、お店に入った瞬間に、その店の持つ個性、センスがそうさせるのだと思うが、何年かに一度という頻度で体が震えるほど興奮することがある。最近では、アメリカの「The Whole Foods Market」という自然食品、機能性商品主体のスーパーマーケットの旗艦店（テキサス州オースチン）でそうした体験をした。デジタル的な姿が追求された「クローガー」、「セーフウエイ」、「ウォルマート・スーパーセンター」に対して、この店のアナログ的な店舗運営が私の心を揺さぶったのだと思う。

　近年、ヨーロッパからアメリカに進出してきた衣料品チェーンの「H＆M」が大きく躍進しているが、この企業の店舗運営にも興奮させられる。アメリカで、すでに100店を超える店をオープンしているが、全ての店舗が、形状、広さ、商品構成が違うという例外的なチェーンストアだ。いま、アメリカで最もホットな小売業である。

　日本にも、巨大なショッピングセンターが進出した地方にあって、経営基盤がぐらつかない、古くからの小売店がいくつもある。そうした店に共通しているのは、小売業の本質――最終的に小売業を成立させている要因はひとりひとりのお客様と店と個別的関係にあるという認識――に基づいて経営されていることだ。そうした店に愛着（ロイヤルティー）を感じ、支持している消費者は、他店に簡単に移ることはない。

　これからは、お店のアナログ的個性――顧客志向に徹したマーケティングや経営ビジョン――を強く主張するお店の評価が高まると思われる。デジタル的効率を偏重し、お店の個性を打ち出すことのできない店舗に興奮はない。いかに規模の大きなチェーンストアであっても、個々の店で、その地域特性に対応する具体的姿勢が示され、その姿が消費者から支持されてこそ、今後成長する小売業の姿だといえるのではないだろうか。

　ただし、理屈をいうのは簡単だが、本部に権限を集中させ、効率重視の経営をしてきた小売業が、その根幹的なコンセプトを否定し、個店対応という新しい方向性を実現していくことは容易ではない。しかし、困難な意識改革を成し遂げ、それぞ

れの店で顧客の強力な信任を得る具体的な戦術を展開しなければ、小売業の明日はない。

　こうした状況に当面している小売業に対して、メーカーや卸売業、あるいは広告会社のようなサポートプレーヤーがどのように協力していくのか。これは大変難しいテーマだが、その姿勢やパワーこそが、あるべき姿に小売業を変化させる大きな礎、要因になると考えている。

「情報パズル」のピース

　セクショナリズムなどの意識の「壁」を超えた連動は、従来の組織体制ではなかなか難しい。こうした「壁」を超えるには、個々が「壁の向こうを見てみる」ことがスタートとなる。たとえば、店頭企画では「来店した買い物客をつかまえる」メッセージをつくるのが一般的と考えられる。しかし、情報量が飛躍的に増大した「付加価値型市場における売りの開発」では、店のなかだけですべてを説明することを考えるのではなく、店の外にいる消費者＝お客様がどのような商品について、どのような「見出し」、「頭書き」、「本文」を頭に入れているのかに注目すべきであろう。

　マス広告やインターネットなどから、売り場で利用できる情報を集め、店舗でなければ提供できない重要な情報は店舗でつくり出す。いわば「パズルの全体像を完成させる自分が担当すべきピース」を提供することを考えて売り場のコミュニケーション企画を立案することから、効率的な売り場独自の情報編集をスタートすることもできる。

　同様のことは、メーカーのマーケティング部や開発部門、広告会社についても当てはまる。売り場の重要性が高まるなかで、コミュニケーション戦略の際、意識して「売り場で使いやすいコピー」をつくったり、それぞれのメディアの特徴を意識して企画をすることで、メーカー発の「組みやすいパズルのピース」ができていくことになる。

売り場の力学～コミュニケーション企画の前提

こうしたケースがよく表れる例として、再び家電量販店を例に挙げたい。売り場においては、入り乱れるさまざまな要素を整理し、買い物客のパーセプションを推察した上で、売り場で発信すべき情報を厳選・企画することが重要である（図3-10）。

家電量販店では、推奨販売されているメーカー、売り場の占有率の高いメーカー、値引き率の高いメーカー、販売員を積極的に派遣し店頭プロモーシ

図3-10　家電量販店における接客法

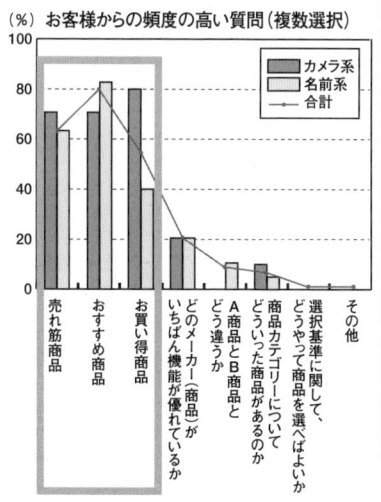

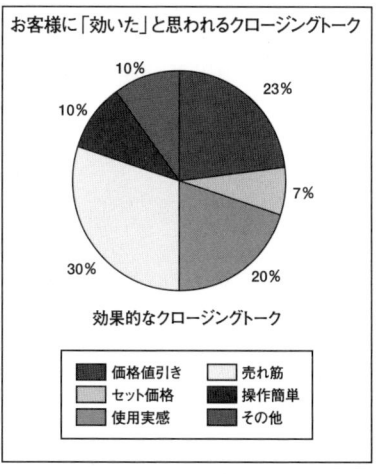

来店者の気になるポイントである＜売れ筋＞、＜お買い得＞を販売員は
接客で効果的に活用し、購入決定の後押しを行っている

来店者質問項目ベスト3
1. おすすめ商品
2. 売れ筋商品
3. お買い得商品

販売員クロージングトークベスト3
1. 売れています
2. いまなら、お安くしておきます
3. セットで買うとお得です

（％）お客様からの頻度の高い質問（複数選択）

お客様に「効いた」と思われるクロージングトーク

効果的なクロージングトーク

- 価格値引き　23%
- セット価格　7%
- 使用実感　20%
- 売れ筋　30%
- 操作簡単　10%
- その他　10%

※カメラ系：ビックカメラ、ヨドバシカメラなど
　名前系：ヤマダ電機、コジマなど

出典：電通「家電量販店流通調査」2006年

ョンを推し進めているメーカーと、それ以外のメーカーとでは消費者に対する訴求力の差が出ることになる。ここに独特の売り場力学があり、それを考慮に入れることが重要である（89ページのコラム参照）。

　売り場のリアリティーを考えると、販売員は効率を高め、時間をかけずに高利益商品を手早く売ることを追求する傾向がある。そうした点からも、値引率やインセンティブが高い商品、指名買いのため説明を省いても売りやすい商品など、「簡単に売りやすい商品」が売り場で影響力を持ちやすい。

　一方、高付加価値型商品を販売している店舗においては、「商品情報が分かりやすくコミュニケートされている商品」、「店員が商品情報をきちんと理解している商品」や、そうした商品をサポートするためにメーカーが実施する勉強会やPOP企画といった店頭施策が売り場における影響力を高めている。

　店頭企画の立案は、現場ではどのような力学が働くのかを把握し、それをベースに行う必要がある。売り場独自の力学は、現場での売り場づくりと販売員の接客を介し消費者に届いていく。売り場の力学が売りたい商品に有利に働く場合は、これをうまく利用する方法、そうでない場合は、売り場のモチベーションをアップさせる方法が企画自体に組み込まれるべきであろう。

（コラム）**家電流通の力学に関する考察**

有限会社フィック代表　得平　司氏

ラインロビングによる扱い商品の拡大

　郊外型家電量販企業は、地域いちばんの売り場面積で集客を狙い始め、大型店舗の出店を加速させている。このような流れのなかで、店舗が大型化し売り場を埋めていくために、家電以外の品揃えを充実させている。

　家電以外に導入されている商品には、CD、DVDソフト、ブランド商品、玩具、ドラッグ、リフォーム（住宅設備機器）などがある。また、都市型の「ヨドバシカメラ」や「ビックカメラ」はゴルフ商品、玩具、ブランド商品に力を入れており、郊外型店舗でいえば、「コジマ」はドラッグ商品、「ヤマダ電機」はソフト、「上新電機」は玩具に力を入れている。

効率的な接客を助ける売れ筋情報

　店舗が大型化するとともに商品のアイテム数が増加しており、効率を上げるために重点商品を決めている。たとえば、重点商品の販売目標を40％前後に定め、販売員は重点商品を積極的に販売する。これによって、販売効率の向上とともに在庫効率の向上をめざすのである。

　また、効率を上げる販売手法として、商品の売れ筋情報やランキング情報を接客に効果的に取り入れ、来店者の購入決定を後押ししている。メーカーにとっても、売れ筋となることで店頭における自社商品の推奨機会が増すことにつながる。

「情報パズル」のピースづくりの手順

　ここでは、家電量販店のデジタルビデオカメラ売り場を例に、店外の情報も含め、消費者のパーセプションに基づいた、売り場で提供されるべき情報の編集手順（「情報パズル」のピースづくりの手順）を紹介する（図3-11）。

図3-11　「情報パズル」のピースづくりの手順

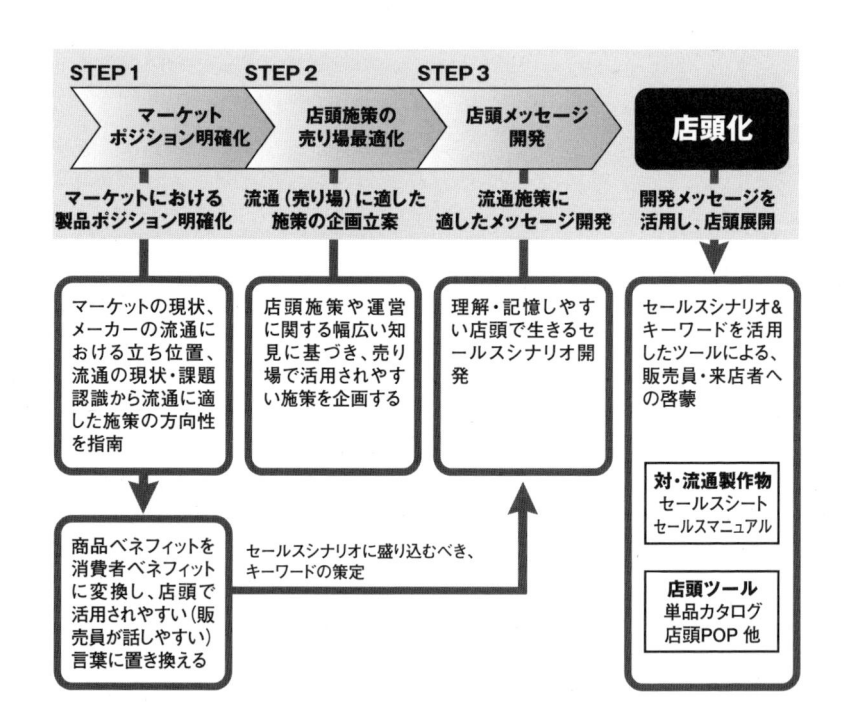

STEP 1	STEP 2	STEP 3	店頭化
マーケットポジション明確化	店頭施策の売り場最適化	店頭メッセージ開発	
マーケットにおける製品ポジション明確化	流通（売り場）に適した施策の企画立案	流通施策に適したメッセージ開発	開発メッセージを活用し、店頭展開
マーケットの現状、メーカーの流通における立ち位置、流通の現状・課題認識から流通に適した施策の方向性を指南	店頭施策や運営に関する幅広い知見に基づき、売り場で活用されやすい施策を企画する	理解・記憶しやすい店頭で生きるセールスシナリオ開発	セールスシナリオ＆キーワードを活用したツールによる、販売員・来店者への啓蒙
商品ベネフィットを消費者ベネフィットに変換し、店頭で活用されやすい（販売員が話しやすい）言葉に置き換える	セールスシナリオに盛り込むべき、キーワードの策定		対・流通製作物 セールスシート セールスマニュアル 店頭ツール 単品カタログ 店頭POP 他

●売り場構成に影響するマーケット構造の整理

特に家電商品は商品カテゴリーによって、その時期にトレンドとなる商品の分類軸が存在する。たとえば、デジタルビデオカメラは、DVDレコーダーやパソコンの普及によって活用方法が多様化するとともに画質重視のハイビジョン方式に対する関心が高まっており、販売台数も確実に伸張している。その一方で、売り場を複雑にする要素が「動画記録方式」で、主要なものだけでも5つもの方式がある（2006年9月現在）。こうした「市場全体のニュースとなるトレンドなどのポイント」や「必ず押さえねばならないポイント」を改めて整理しておくことが必要である。

●売り場実態の再確認

次に、実際の売り場をチェックしてみる。デジタルビデオカメラの場合、売り場は動画記録方式ごとにコーナー分けされている。その分類の下、メーカーごとにラインナップされた商品が散りばめられており、商品知識の少ない買い物客は迷いやすい構成になっている。

また、薄型テレビなどに比べ、デジタルビデオカメラの一商品あたりの展示スペースは限られている。売り場に大量のPOPやメッセージを設置すると見にくくなってしまうので、簡潔なメッセージが必要になる。さらに、売り場の実態をチェックする際には販売員の目から見た留意点も把握しておく必要があろう。

●購買選択軸とタイプの把握

一方では、売り場において買い物客が商品を比較検討する要素（購買選択軸）を整理することも重要である。デジタルビデオカメラの場合、動画記録方式のほか画質、記録容量、倍率（光学／デジタル）、持ちやすさ、扱いやすさなど、商品仕様に関する要素だけでも多岐にわたる。さらには、販売員の推奨度合い、値ごろ感、ブランドに対する信頼感など付加的な要素も加わる。

もちろん、すべての比較検討項目をメッセージすることは困難であり、多くの買い物客が優先的に検討する項目を発見しなければならない。販売員の接客印象などをベースに購買選択軸に関する仮説を構築することも有効だ

が、可能であれば買い物客調査を実施したいところだ。

なお、重要な購買選択軸には次のようなタイプがある。

- ・カテゴリー型情報

    デジタルビデオカメラにおける記録メディアなど、売り場自体の構成を決めるもの。どの軸が主流になっているのかの把握と、それぞれのタイプの特徴やネガポジについて、買い物客にどれくらい分かりやすく、納得のいく説明ができるかがポイントになる

- ・店外型情報

    テレビCMやウエブなど、店外で接触するものから買い物客が入手する情報。店内で入手するものではないが、リマインドは必要である

- ・スペック型情報

    単純に数値的に比較できるもの。比較表や分かりやすい製品カタログなどは有効な手法である

こうした違いを前提に、「どうメリハリをつけ、何を前に出すのか」、「どの部分をPOPで見せ、どの部分を説明でフォローするのか」などを細かく設計していくことになる。

●売り場に即した情報発信のコンセプトづくり

具体的な事例を紹介しよう。2006年の夏商戦期、デジタルビデオカメラカテゴリーでは、買い物客が重視していた情報のうち購入への影響力が大きかったのは、「店舗発の売れ筋ランキング」であった。デジタルビデオカメラの人気カテゴリー（当時）は、DVD方式、HDD方式、ハイビジョン画質のモデルであったが、それぞれ一長一短で、買い物客の知識だけで絞り込むのは容易ではなかった。そのため、「みんなが選んでいる」結果であるランキングが購買の大きなサポートになっていたのである。

そして2006年の秋、DVD方式とHDD方式をダブル搭載した新製品が登場。この商品のメッセージ企画を考えるにあたって、売り場の「迷い」を把握し

ていたメーカーはメインの訴求ポイントを「分かりにくい録画方式を迷わず選べること」にフォーカスし、「DVD？ HDD？ もう、迷わない！」という売り場専用のキャッチコピーを開発した。その一方で、CMに連動したビジュアルの利用など、店外情報とのリンクも意識したデザインを展開。訴求ポイントを確実に説明してもらうために販売員向けの接客ツールやマニュアルを用意し、その他のスペック情報については店頭の比較表で対応するなど、スキのない道具立てで商戦に臨んだのである。

このように、買い物客の売り場におけるパーセプションを勘案した上で、販売員にも分かりやすく、また、販売員が説明しやすいように簡潔な売り場施策のフォーカスを設定すること。そして、そのフォーカスをもとに、接客の流れを想定した販売のシナリオをつくることが売り場において高い情報発信力を持つメッセージを実現するのである。

店頭メッセージ設計のタイプ

ここで、販売シナリオをかたちづくる情報パズルピースを考えるにあたり、いくつかのメッセージ構造を挙げる。これらをヒントに、コンタクトポイントごとの効果的な役割分担とメッセージ設計を行い、それぞれのパズルのピースをつくり上げていくことになる。

・ワンメッセージ型
　すべてのメディアを同じメッセージのトーン＆マナーで展開。商品の機能に大差がないときや、比較的安価で衝動買いをさせられるカテゴリーで効果的な方法。商品の特徴やネーミング、パッケージなどをモチーフにしたキャッチーなフレーズや、印象に残る高感度の高いタレントやマークや色使いなどをCMから売り場まで一貫して使用する。他と積極的に区別することで「買う理由」を提供する方法である。

・くさび型
　広告で「くさび」をつくり、売り場でのきっかけとする方法。商品の提供

情報が多い場合、そのすべてを広告で伝えることは難しい。そのため、機能などを象徴的に表す「キーワード」や「アイコン」などのワンポイントを「くさび」として広告で流し、売り場でアイキャッチ的に利用することで、他ブランドに先駆け該当商品に興味を持たせる方法である。

・じょうご型
　売り場においては購買のポイントに近づくにつれ、あるいは、ウエブではその階層が深まるごとにより深く、詳しい情報を提供していく方法。売り場においては、たとえば入り口に近い場所はアイキャッチと割り切り、商品に近づくほど詳細の情報を提供するというような役割分担が考えられる。家電商品や自動車では、インターネットがこの役割を果たすことが多いが、「見出し」、「題字」、「記事」の分担によりいかに次に引き込むかを工夫する。

「壁」を壊す試み（電通B‐MAX）

　CMでよく目にする新製品、新聞や雑誌の商品紹介欄で取り上げられた商品を買いに出かけたのに肝心の商品が売り場にない。仕方がないので、代替商品を購入するか、何も買わずに帰ってしまう……。そうした経験を持つ消費者は意外に多いのではないだろうか。
　一方メーカー側からいえば、相当数の商品が流通しているにもかかわらず、あるいは、マスメディアで大量に広告が流れているにもかかわらず商品が売れない……。いずれも好ましくない状況だが、現実には珍しくない状況ともいえよう。
　これは、マス広告などを通じた商品に関する情報が「『到達』（＝消費者が認知）しても、『行動』（＝消費者が商品を購入）しない」状況にあるといえる。こうした状況に陥る原因として、そもそも店頭に商品が並んでいない、広告のタイミングと商品陳列のタイミングが合っていない、店頭販促施策が適切に実施されていないなどが考えられよう。
　また、店頭プロモーション施策自体が、広告素材の単なる焼き直しであるなど、流通事情や地域事情などを反映していない、つまり売り場に適合して

いなかったり、消費者の心に響かず、売り上げにつながらないケースも多い。実際のところ、新商品の商談で決定された企画が、決められた時期に決められた内容で実施されないケースが70％を超えるともいわれている。

そうした「齟齬」を見直し、売り上げに直結する販売促進策を実施するのが「B‐MAX」である。これは「Behavior‐MAX」の略称で、消費者の「行動」（＝消費者が商品を購入）を最大化し、売り上げにつなげていくという考え方である。この「B‐MAX」の具体像については次項で明らかにしたい。

●B‐MAXの実践

ある新商品の発売にあたって事前調査を実施し、大陳売り場の企画を立案、企画展開時期に合わせてテレビCMを流し、さらに、売り場の状況確認、店頭写真の撮影、売り場担当者のヒアリング、店頭メンテナンスを実施した。その結果、売り場展開とテレビCMの時期を合わせることが、消費者の購買行動を刺激し、売り上げを伸ばす効果があることが証明された（図3-12）。

図3-12　TV-CMと陳列を同時に行うことで売り上げを伸ばした例(食器洗い機用洗剤)

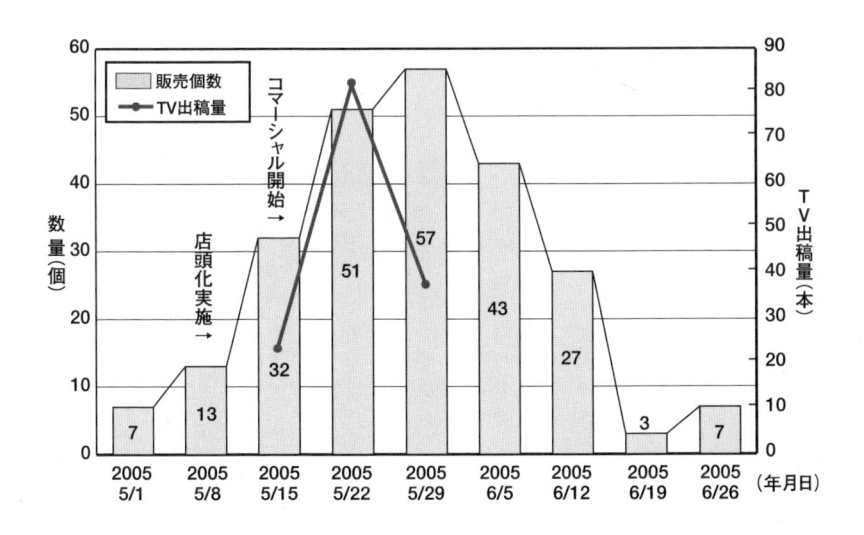

年月日	販売個数	TV出稿量
2005/5/1	7	
2005/5/8	13	店頭化実施→
2005/5/15	32	コマーシャル開始→
2005/5/22	51	
2005/5/29	57	
2005/6/5	43	
2005/6/12	27	
2005/6/19	3	
2005/6/26	7	

別の商品のケースでは、地元のお祭りをモチーフにしたパッケージの特別商品をエンド大陳展開し、ラジオCMの集中投下やラジオカーによる店頭中継の時期を同期させたところ、レギュラー品（通常商品）の売り上げにはほとんど影響せず、特別品をほぼ完売することができた。
　これらの事例のように、消費者や小売店舗の動向を分析した上で、流通事情や地域事情などを反映させたメッセージや売り場に適合するツールを開発し、広告出稿のタイミングに合わせた店頭プロモーション展開を実施することにより、顧客の行動を最大化させることができる。
　顧客や店舗に関する事前分析は、最適な広告・販売促進計画を立案する上において大変重要であり、精度の高い事前予測を行うことで機会ロスを減らすことも可能になる。また、店頭展開にあたっては、事前分析により十分に練られた販売促進プランを的確に実施しなければならず、そのために、各メーカーの営業マンだけでは回り切れない部分をフィールド部隊がフォローすることなども必要になる。
　さらに事後には、当該商品の「消費者への到達／認知から購買／行動」までの流れを検証し、「費用対効果」や「得られた成果」を知見化し、次の施策につなげていく。これらのPDCAサイクルを繰り返し実践することで、流通の生産性を高め、消費者の期待に応える小売りを創造することが可能となる。

専門家に聞く⑥	卸売業の立場からみた小売業の変革ポイント

株式会社あらた　専務執行役員・
株式会社インストアマーケティング　代表取締役社長　徳倉英雄氏

◆卸売業の役割の変遷については？

　現在の卸売業のビジネスモデルは、1960年以降急速に膨らんだ人口増加を背景に、消費が伸び続けることを前提にしたものであった。当時の卸売業は、小売店に対する売掛金の立て替えなどの「金融機能」、仕入れした商品を管理する「商品管理機能」、小売店への「配送機能」、そして、商談やマーチャンダイジングの代行といっ

た「営業機能」という4つの機能を持っていた。

ところが1967年頃に、一部の大手メーカーが販社体制をつくり、自前で営業をするようになるという大きなエポックがあった。その後、営業機能はメーカーにとって代わり、配送なども専門業者にアウトソーシングされるようになると、卸売業界の事業範囲は狭まり、利益率も低下した。現在は、消費成長の鈍化、少子高齢化、環境問題に対する関心の高まりなどを考慮しながら、「流通の生産性を高めるマーケティング」を卸売ビジネスに取り入れようとしているところである。

◆結果的に、流通の効率性は高まり、さらに安売りができるようになったのか？

そうとはいい切れない。流通も、これ以上はコストを下げづらい状況にある。コスト削減案の一環として人件費を下げることが考えられるが、これは非常に難しい。ドラッグストアを例にすると、一般的に人件費は、販売管理費の20～30％を占めるといわれるが、これを下げる仕組みをつくらなければ利益は生まれない。

一方、近年小売業におけるパートやアルバイトの人件費は上昇しており、安い時給では人が集まらなくなっている。人が集まらないのにはさまざまな要因があるが、「ご近所の顔見知りが来る店で働くのは恥ずかしい」という声も多い。ところが、総合スーパーの店内でブランド品を売るようなショップやおしゃれなイメージが浸透しているショップの求人には募集が殺到する。そうした違いはひとえに、安売り店の消費者イメージが悪いことに起因している。ブランドショップのファンはいても、「ドラッグの〇〇」のファンは少ない。要するに、安売りだけの店に行く理由は「安いから」の一点になってしまっており、価格プロモーション一辺倒ではお店にファンがつかないのである。

そのような状況でも、ファンづくりに成功している流通もある。たとえば、ある地方のリージョナルスーパーでは、ゴルフやテニス、カラオケといったイベントを主催して、地域住民に好評を博している。地域との交流を大切にするお店にはファンがつき、従業員のモチベーションも高くなる。消費者は、少しくらい値段が安い店でもイメージの悪い店をめぐり歩くより、自分の好きなお店でまとめて買おうと考えるのだ。

◆「あらた」の今後の展開は？

私たちが最終的に活動の成功指標としているのは「来店客数」である。顧客が付く、地域住民に支持される売り場をいかにつくるか――私たちが特に注力しているフィールド活動では、売り場づくりは消費者へのコミュニケーションの一環である

ととらえている。つまり、商品全体をどうコミュニケーションするか、テレビ、新聞、ラジオといったメディアと店頭をどのように連動させるかが重要なポイントになり、私たちが会社を立ち上げた理由もその点にある（※電通リテールマーケティング＝あらた・電通テック・大日本印刷・NECの出資による店頭マーケティング会社）。

　売り場に商品を積み、CMを打てばモノは売れる。私たちが手がけるフィールドを歩兵とするなら、マス広告は空爆ということになるだろうか。しかし、歩兵を動かすにも、動かし方の問題がある。私たちのフィールドサービスでは、担当する全国の売り場をチェックできるシステムを導入する。定時・定人・定店で巡回させる店頭メンテナンスによって、常に売り場（戦場）がどうなっているのかを把握し、その上で有効な手段を打っていく。つまり、フィールドだけでなく、広告という武器も合わせ持ち、先手、先手で働きかけるということだ。これからの卸売業は、売り場すなわち消費者をマーケティングできなければ生き残っていけない。そうした意味でも、小売業そのものの地位を向上させていくことも使命のひとつだと考えている。

Chapter 4

購買行動から発想する売り場づくり

　Eコマース隆盛の時代にあっても、売り場の重要性は変わらない。「消費者志向」や「顧客基点のマーチャンダイジング」がいわれて久しいが、消費者は商品やお店に本当に満足し、心から買い物を楽しんでいるのだろうか。その問題を考えるとき、売る立場からではなく、買う立場から考えてみると、必ずや新しい発見があるに違いない。
　Chapter4では、買い物の主役である消費者にスポットを当てる。売れる原因、売れない原因は、店頭における消費者の振る舞いをつぶさに観察することから導き出されることも多い。近年は、さまざまな方法で、購買の実態を把握することが可能になっている。調査分析から有効な売り場づくりの一手を考えたい。
　後半では、アクティブな消費者の特性をうまくとらえ販売を成功させている企業の取り組みを紹介する。また、新しい購買行動に応じて生まれている、企業と消費者との新しい関係性にも着目したい。

Chapter 4

1 売り場から掘り起こす売りのヒント

売り場の見える化

　生鮮売り場のバイヤーに対するインタビューによれば、「催事ネタに困ったら北海道展」というのは企画担当者の常識だという。当たるかどうか分からない店頭企画を苦労してつくり上げるよりも、確実に吸引力がありそうな売り場づくりをしてしまうということを自嘲してのコメントだが、実際の売り場では過去の「売れた、売れなかった」といった経験則や、「売れそう、売れなさそう」といった皮膚感覚をベースに、売り場企画の可否を場当たり的に決めていくケースがほとんどのようだ。
　一方で、「失敗の可能性が少ないのなら新しい試みをしてみたい」、「成功の根拠や裏づけが欲しい」というニーズも確実に存在し、「買い物客は何に関心を持つのか」、「その商品は何と一緒に買われているのか」などのデータから効果予測ができれば、売り場の提案力をサポートすることも可能であろう。
　そうした意味からも、消費者の買い方、商品の買われ方といった店頭の状況を詳細に把握し、施策に反映させるプロセスは非常に重要なのである。

買い物客ウォッチング

　店頭の状況を詳しく把握する方法について2つの視点から述べていきたい。まず、消費者ひとりひとりが買い物をする際にどのような行動を取っているかという視点である。店頭における大量陳列やトップボードの注目率が高いことは、おそらくだれもが認めるところであろうが、それ以外に、どのような売り場やPOPが注目されやすいのか、ターゲットごと、商品ジャンルごと、

時期ごとにどう変わってくるのかは、消費者心理を掘り起こしてみないとつかめないであろう。

　消費者心理を把握する方法に出口調査があるが、消費者は買い物最中の微妙な心理状況をいちいち覚えてはいないし、購入品の価格すら明確に思い出せないというのが現実である。

　そこで最近では、意識だけでなく消費者の視線に注目することで、リアルな消費行動を把握する方法が考えられている。たとえば、売り場における消費者の視線の動きに注目し、アイカメラという機材を用いて消費者の視線をとらえ、その状況をVTRでリプレイしながらインタビューを行う。

　なぜ、その対象物に注目したのか、個々の場面で何を考えていたのかを掘り起こす「事後ヒアリング」を通じて自らの視線を追体験することで、ヒアリングから得られる情報量が格段に増加するとともに正確にもなるのである。

アイカメラによる視線解析

　アイカメラとは、被験者の網膜に赤外線を照射することにより視線の動きを観察する機材である。この手法により、どの対象物をどれくらいの時間見ていたのかを客観的なデータとして把握できる。被験者にアイカメラを装着してもらい、店舗を歩き回っている状況で視線の計測を行う。

　この機材を用いて、さまざまな売り場において、特定商品にPOPを取り付けた場合と取り付けていない場合の比較によるPOPの誘目性の効果検証がなされてきた。調査のやり方としては、対象者を2つのグループに分け、対象商品にPOPを取り付けた状態の棚と、POPを取り付けない状態の棚を見てもらうやり方が一般的である。

　調査結果からは、対象商品の再認率（事後ヒアリングにより質問された商品があったと回答した人／棚を見た人全員）について、POPなしの棚とPOPありの棚を比較すると、POPありの棚の再認率が大きく向上することが確認されている。

余談だが、棚には置いていなかった有名商品をダミー商品として再認率を計測する実験もなされているが、多くの人が「ダミー商品があった」と回答する傾向があることも確認されている。こうした例は、人間の記憶力がいかにあいまいかを物語ると同時に、エボクドセット（ブランドや商品を頭のなかで思い浮かべる想起集合）が商品購入に際していかに重要であるかを暗示しているといえよう。

POS分析とFSP分析

　2つ目の視点として、購買データからいかに消費者行動を読み取るかについて考えてみたい。「チーズをワインの近くに置く」といったクロスマーチャンダイジングはよく知られている。効果が高そうだとだれもが容易に想像できるし、その有効性に疑いはないだろう。

　しかし、売り場のリニューアルを考えるときには、いつまでもチーズとワインが一緒に置いてあってよいのかどうかを再考する必要があるのではないか。マーチャンダイジングに常に提案性を持たせ、買い物客がいつ訪れても楽しくなるような売り場をつくることは流通のミッションである。提案性のあるマーチャンダイジングを行うためには、商品ごとのライフサイクルも考慮した上で、消費者データを掘り下げていくことが必要になる。

　そうした手法として、POSデータの使用によるPOS分析や、食品スーパーやドラッグストアにおけるカード会員データをもとに対象商品の購買状況を分析するFSP（フリークエントショッパーズプログラム）分析などがある。

　POSから得られる日々のデータからは、商品名や価格、数量、日時などの販売実績を収集することが可能で、それにより売れ行き動向を観察することができる。データ収集項目はシステムを導入している企業によってカスタマイズされ、たとえばコンビニエンスストアにおいては、購入者の年齢層、性別、天気などもデータとして収集されていることが多い。しかし、特定個人の時系列的な購買行動を把握することはできない。

　しかし、ポイント還元カードなどに蓄積された顧客の購買履歴をFSP分析

することにより、特定個人が時系列的にどのようなものを買っているかを把握することが可能になる。たとえば、一定の期間内における対象商品のリピート状況やブランド間の顧客の流出入といった状況も把握することができる。

競合商品と比較して売り上げが伸び悩んでいる商品があったとしよう。FSP分析の結果、来店客の商品購入率は競合商品と比較して劣っているが、リピート購入率は競合商品より勝っていたことが分かった。そうした場合、その商品に対するトライアル購入の促進を強化すべく、デモンストレーション販売や店頭サンプリング等のトライアル施策を講じるべきではないかという仮説を立てることができる。

また、特定個人の同時購入の状況把握も可能となる。たとえば、月に数個しか売れない商品があったとする。FSP分析の結果、その商品を購入する買い物客はその店舗のロイヤルカスタマーであり、その商品目当てで店舗を訪れ、他の商品を同時に購入しているということが明らかになった。そうした場合、その商品を売り場から排除するのは得策とはいえない。

よく、「どうしたらたくさんの人に買ってもらえるか」という市場シェアではなく、「どうしたらひとりにたくさんのモノを買ってもらえるか」という顧客内シェアを高めるべきだといわれるが、そのためには特定個人の時系列的な購買行動の把握が不可欠になる。

売り方実験

電通は、「売り方実験」と題して店頭における商品の最適な見せ方、効果的な売り方を探るトライアル＆チェックを行っている。以下、実験事例を紹介する。

某飲料商品は人気のロングセラー商品であったが、ここ数年、認知率、好感度、購入意向調査でも高い数字が出ているものの、売り上げはゆるやかな下降線をたどっていた。

売り上げ下降の理由やマーケティング上、コミュニケーション上の大きな

問題も見つからないため、問題は店頭における商品の売り方、見せ方にあるのではないかということになった。

そこで、次のような3つの実験を行った。

(1) 常温定番売り場からショーケースへの移動
　～通常、常温の定番売り場に陳列されている対象商品を冷蔵ショーケースに移動し、冷やした状態で販売した
(2) 底上げ什器を取り付け商品を目立たせる
　～底上げ什器を使い、対象商品を他商品より一段高く見せるようにした
(3) ショーケース最下段でメッシュワゴン展開
　～メッシュワゴンに無造作風に入れて販売を行った
　　　　　　　　　※2005年　電通×チェーンストアエイジ「売り方実験」より

3つの実験の結果、期間中の実験店舗での売り上げが実験前と比較して、(1)では2.1倍、(2)では1.7倍、(3)では4.0倍と、いずれも大きな伸びを記録した。

価格プロモーション

売り場における効果予測を行う際には、価格プロモーションの影響を無視することはできない。価格プロモーション（値引き販売）には、メーカーが行う場合（クーポンプロモーション）と流通（特売等）が行う場合があるが、いずれの場合でも実効性の高さは否定できない。

しかし、価格プロモーションによって売り上げが伸びたケースのなかには、いずれ購入するはずの日常品が安くなっているという理由から前倒しで購入したという、いわゆる「需要の先食い」をしているだけという場合も多いであろう。

また、売り場において、特にメーカーキャンペーン施策には商品に対する顧客のロイヤルティーをアップさせる効果もあるが、価格プロモーションは、

そうした側面ではマイナスにならざるをえない。価格プロモーションがブランド効果を低下させた事例として、化粧品・トイレタリーメーカーの某ブランドが一時は大量に投入した広告の効果もあってシャンプーカテゴリーのトップブランドとなったが、スーパーなどでひんぱんに値引き特売が実施されたことでブランドイメージが低下し、衰退したというケースもある。そうしたことから、あくまでも価格プロモーションは戦略的に投入するカンフル剤として考えるべきであろう。

なお、価格プロモーションの戦略性を検証する指標のひとつとして、価格弾力性がある。価格弾力性とは、価格が変化したときに需要がどれだけ敏感に反応するかを表す数値で、この数値が高いと安売りをした際に売れ行きが伸びやすいことになる。カテゴリーごと、商品ごとに価格弾力性の差があるので、価格プロモーションはブランドイメージの低下と価格弾力性のバランスに留意して行う必要がある。

「AISASモデル」による効果予測

ここまで、消費者志向、あるいは顧客起点の発想のベースとして、店頭の状況を詳しく把握することが非常に重要であり、消費者ひとりひとりが買い物をする際にどのような行動を取っているかという視点、そして、購買行動のデータからいかに消費者行動を読み取るかという視点について述べてきた。

最後に、購買意思決定モデルである「AISAS®」でどのように効果予測を行うべきかを検討してみたい。「AIDMA」の最後の「A」に相当するのが「AISAS」の「SAS」であるが、「AIDMA」とは違い「AISAS」は口コミという実際の行動の誘発を中心に取り込んでいるモデルであるため、「AIDMA」における「〜したい」という消費者の意向レベルとは違った行動レベルの把握が必要となる。そこで、「AISAS」モデルでは、「AIDMA」で用いられている「意向指標」に加え、「行動指標」も検討すべきであろう。

たとえば、「AISAS」の真ん中の「S」では「商品について何か調べたいと

思った」という意向指標だけではなく、「実際に商品について何か調べた」という行動指標を検討する。同様に「実際に比較・検討した」、「実際に展示品などを試してみた」、「実際に他人の評判をチェックした」などの行動指標も考えられるであろう。

　また、「AISAS」の最後の「S」は「実際に話題にした」、「実際に人にすすめた」といった行動指標を用いることが妥当であろう。

　売り場の効果予測に関しても、上記のような行動指標を取り込んだ研究が進められている。

2 消費者（コンシューマー）を パワーカスタマーに

消費者との良好な関係づくりが「AISAS」のカギを握る

「売り場」はいま、賢くなった消費者が主役となる「買い場」への変換を迫られている。「買い場」発想とは、すべてを消費者起点で考え、購買行動ストーリーの全体像を把握し、発信すべき情報の編集と最適配置を考えるということである。企業が主体となって消費を引き出していく従来の「AIDMA」モデルから、あらかじめ消費者の積極的な働きかけを想定した「AISAS」モデルへ企業の戦略転換が必要になっているということでもある。

特に注目したいのは、「AISAS」モデルの最後の「S」の「Share」が、購買後の満足感やある種のロイヤルティーから生まれているという点である。消費者は、自分の気に入らなかった商品に関しては、好意的な情報を広く共有しようとは思わない。「AISAS」のプラス情報の循環が発生するか否かは、企業やブランドへのロイヤルティーも含めて、消費者の「好意的な態度」を引き起こせるかどうかにかかっているといっても過言ではない。そうした「好意的な態度」へ導き、良好な関係性を築くことで、従来あらゆる情報の受け手であった消費者が、逆に情報の発信源となり、企業になり代わって消費者の購買意欲を喚起してくれるのだ。

発想の転換を図る企業は、プロシューマー化する消費者＊が持つ、「情報収集・創造・発信・共有する力」を手にするために、さまざまな方法で消費者との良好な関係づくりを図りつつある。

＊アルビン・トフラーが『第三の波』で提示した言葉。プロデューサー（生産者）とコンシューマー（消費者）の合成語で「自分で生産したものを自分で消費する人」という意味

企業と消費者の「協働マーケティング」

　従来からの企業と消費者の「売る側―買う側」という一方通行の関係を超えた、新しい関係性――協働マーケティングが始まっている。協働マーケティングとは、従来は企業が単一で行っていた企業活動の一部に消費者を参画させていく試みである。たとえば、商品開発や改良に消費者を参画させる企業も少なくない。消費者と誠実に向き合い、なんらかの問題があれば、それを認め改善し、次の商品開発に生かす。消費者の主体性を尊重し、商品やサービスへの関与度を高めていくなかで、企業への信頼が育つきっかけをつくっていく。アクティブでスマートな消費者が開発スタッフに加わることで、開発の過程に、斬新なアイデアが吹き込まれるばかりか、商品が誕生した折にはその愛着心から、商品のよさを最も効果的な「消費者のコトバ」で宣伝して回る、強力な営業スタッフに変身する。

　従来は企業側が発信していた情報を、インフルエンサー（購買行動に大きな影響力を持つ人）となりうる情報感度の高い消費者を頂点に、その周辺のフォロワーたちに情報波及させるピラミッド型の情報流通構造を意図的につくるということである。

　次に、具体的に協働マーケティングの成功事例をみていこう。ネットを活用し消費者との関係性づくりから生まれリアル店舗へと波及する商品、逆に、リアル店舗がサイトを活用し情報編集を行うなど、ネットとリアル双方で相互補完し合いながら成長するクリック＆モルタル型の事例である。

　2つの事例に共通するキーワードは「話題性」、「情報編集力」、「気持ち・ココロ」、「雑誌の編集会議」、「データオリエンテッド」、「価値優先のカテゴリー」などであった。

ユーザー巻き込み型の商品開発
～「カフェグローブ・ドット・コム」の事例

　20～30代の働く女性をターゲットにしたネットメディアの「カフェグローブ・ドット・コム」(http://www.cafeglobe.com/)。このサイトでは、オシャレと機能性のどちらも追求したいユーザーの意見を吸い上げながら、「こんなモノが欲しかった」というアイテムやサービスを、ウエブならではの双方向性を生かして一緒につくり上げる「ネットクチュール型ビジネス」を展開、限定店舗やEコマースなどの新規販路における販売につなげている。

　開発のきっかけは、BBS（掲示板）に「A4サイズの書類が入るバッグがない」という書き込みが寄せられたこと。働く女性の潜在的ニーズをかたちにする商品やアイテムは、通勤ファッション、ファッション小物、おうちウエア、バスグッズ、マンション・店舗開発など数ジャンルにおよぶ。

　2001年にスタートした「おうちウエア」シリーズには、人気モデルのSHIHOがファシリテーターを務める「SHIHOプロデュース　おうちウエア大改造計画」（現在、第15弾まで継続中）と、ユーザーのデザイン・企画を主導とした「みんなでつくろう！おうちウエア」という2つのパターンがある。SHIHO版の開発過程では、SHIHOが提案したコンセプトやデザイン画をもとに、かたちや素材、色に関するVote（ユーザーによる択一式ワンクリック投票）の結果、BBSへの書き込みなどユーザーの意見を加味している。サンプルの修正状況（シルエットなど。オフ会として試着会も）なども折り込みつつ、商品完成・販売までのプロセスをサイト上で紹介している。2002年には「おうちウエア」が新宿・高島屋など一部のリアル店舗でも販売され、その他の通勤ファッションアイテムでは、別注オリジナル商品としてネット限定で販売されている商品も多い。

　ユーザー巻き込み型の商品開発には、いくつかのポイントがある。第1に、ベースとして、共通の趣味や関心、生活価値観を持つユーザー同士、自分の意見や評価を積極的に発信し、みんなで共有していきたいという思いが強いこと。そのため参加・意思交換も活発で、商品やサービスについての使用価

値（自分にとっての使い勝手や心地よさ）や使用シーンを素早くキャッチし、開発に反映させることができる。

　第2に、ユーザー＝受け手・消費する側というより"パートナー"として認識し、商品の企画・開発段階からみんなで一緒につくる仕組みが構築されていること。そのために、商品が発売される以前に、商品やブランドに対する満足度やロイヤルティー感がどんどん高まっていくことになる。

　第3に、ウェブサイト上で開発過程に関する情報発信を行うことにより、プロモーションとしても高い効果を発揮することができる。

　自ら情報を選択し、発信するなど、消費のモノサシを持つようになった消費者に向け、いかに消費者目線に立ち、生活目線で商品・サービスを伝えていくか。オープンソース時代に突入した現在、そうした参加・体感の仕組みが必要不可欠になっている。

気持ちにフィットする価値優先のマーチャンダイジング～「ランキンランキン」の事例

　駅ナカ店舗「ランキンランキン（ranKing ranQueen）」は、口コミ波及によるヒット商品マーケティングの仕組みが総合的に完成された情報編集・発信力の高い店舗である。「駅ナカ」という言葉もなかった2000年4月、東京急行電鉄が駅機能の見直し・拡充を図るために始めた新業態である。

　構想段階から関わるランキンランキン担当課長の多田和之氏は、「駅にエンタテインメント感が加われば変わるのでは」と、消費者が共感できるニュースを提供することにした。多くの人々が行き来する駅構内を「リアルなポータル」として位置付け、ポータルサイトにあるようなニュースを提供したいという思いから始まったという。

　アイデアの源は、バブル崩壊後、人手が減り多忙を極める人々に「5分で世の中の流行が分かる」場を駅で提供したいというところにあった。そのため、自らがエディターになって情報を編集した。人間の五感に触れ、その場で買えるリアルな店舗形態とし、話題性という切り口に焦点を当てた。こだ

わりのカテゴリー分類では、商品そのものが持っている本当の価値を引き出し、「気持ちマーチャンダイジング」によって、「恋愛」、「出会いと別れ」、「元気」、「冷え性」など、商品価値の伝達に則した分類法でカテゴリーを切った。見て、さわって、その場で買えるという鮮度の高い店頭づくりは、多田氏によれば、小売りをしているというより週刊誌をつくるようだという。

「ランキンランキン」は「新商品情報を発信する」、「いまのヒット商品が分かる」という2つをコンセプトに成長し、これまでにない「販売できる広告メディア」店舗となっていった。その情報編集力が集客につながり、店舗数は2007年2月現在全国10カ所に拡大し、移動基地だった駅がリアルメディアとして認知されるようになった。

情報編集の源泉は、「東急ハンズ」や「オリコン」などのビジネスパートナー数社から集めたPOSをはじめとするデータで、そこから売上ランキングがつくられ、全商品にこだわりの理由と順位がつく。「優れた商品は、実際に手にとって試し、口コミで広がっていく」という考え方を基本に、スタッフ自らがPOPを編集し、商品を紹介し、販売する。そして、「ランキンランキン」でヒット商品になると、もともとの売り場に戻って、メガヒット商品になることもあるという。リアルな店舗づくりには、従来の管理型商品区分を超えて、本質的価値、ココロや気持ちの分類、さらにドラマ展開力にまで踏み込んだカテゴリーマネジメントが必要なのである。

「ランキンランキン」の来店客は7割が新商品や人気商品に敏感な20～30代の男女で、購買客のうち8割は女性である。アンケート結果からは、「ランキンランキン」を「口コミ友だち」のように擬人化してとらえていることが分かった。人に教えてもらったという感覚で情報を友だちに伝えるというのはCGM的でもあり、購買の後押しをしてくれるのが「ランキンランキン」の情報だったりもするという。

情報編集力の高い店舗として成功したポイントはほかにもある。駅ナカという場所柄、高いメディア性を生かすだけではなく、電車内のモニターやサイトを活用し、店舗と商品の情報発信を行ってきた。さらに、プロモーション棚をつくってメーカーの展開を支援したり、携帯電話を使ったアンケートや雑誌コンテンツとの連動を行うなど、クロスメディアの手法を早くから取

り込んでいる。

「ランキンランキン」では、特別なキャンペーンを実施しなくても会員が増え続けているという。今後は、携帯やウエブとの連携をさらに強化し、プロモーション展開にも力を入れ、会員顧客を飽きさせない、ワクワクする情報発信店舗をめざすという。

「ランキンランキン」は、前述の「AISAS」フレームの5段階すべての過程で消費者と関わり続ける、いま最も求められる店舗形態といえる。

コラム　商品・売り場区分から参加者区分の売り場づくりへ

株式会社ビジュアルソウケン　宇都宮吉宏氏

従来リアル店舗では、つくり手・売り手にとって最適な商品・売り場区分が主軸となっていた。しかし今後、ネットやブログ、SNSとの売り場の融合化が進めば、商品・売り場区分は大きく変貌する。そうした潮流は、一定の価値軸で既存の商品や売り場を再編集したセレクトショップ（オーナーやバイヤーによる選択参加型売り場）の隆盛でも顕著だろう。

今後、完成品としての商品・サービスは、企業・事業や組織慣習による開発ペースとは異次元の、関係者の同時参加による「打てば響く対話型」の商品開発や売り場情報開発の進展が予想され、そこにおいては情報価値創造力が必須となる。

情報価値創造型の売り場では、従来型の商品（管理）区分や、陳列配置、だれにも見やすく、分かりやすく、選びやすいといった原則は陳腐なものとなる。参加者が共有できるサインやシンボル、ストーリーに裏打ちされた「共感場」には、新しい対話のカタチが形成されることになろう。

一方で、「絶対的信頼価値」を維持できるブランドにとっては、情報価値創造よりも、だれもが納得・共感できるつくり手のこだわりが重要であり、そうしたこだわりに徹する商品やサービスをヒト（こだわりの語り部）によって提供する売り場は輝きを失うことはない。

絆づくりのマーケティング

　ここまでの成功例でみてきたように、企業が消費者との継続的な関係性づくりをあらかじめ企て、巻き込んでいくことによって消費者はパワーカスタマー化していく。消費者との継続的な関係性づくりは、カード会員にポイントや特典を付与し、次も買ってくれる顧客をつくるというような方法にはとどまらない。確かに「特典」が継続購入に与える影響は大きい。調査[**]によれば、主婦層の約9割が「買い物を通じてポイントを貯めることやお得情報に引かれている」と回答しており、お店や商品でのポイントカードはすでに生活購買行動のベースに根づいているといえる。また、企業間でのポイントやカード提携も活性化してきた。しかし、顧客のだれもが得たい実利を提供することは、その効果が特典の多寡によって左右されることからも分かるように、結局のところ、かたちを変えた「値引き」の領域を出ていないともいえる。

　パワーカスタマーといわれるまでの深く継続的な関係性を消費者との間で築くには、前述の事例のように協働マーケティングのプロセスを共有することもしかりだが、「ココロの絆」、すなわち商品やお店に対して、間違いなく信頼できる、安心させてくれるといった目に見えないロイヤルティーの醸成も重要であると考えなければならない。

[**]「電通消費者研究センター　リアルミセス（30〜50代女性）調査」　調査方法：ウエブ調査　調査地域：首都圏　調査対象者：パソコン・携帯電話を自分で利用する年収400万円以上の30〜50代女性300名　実施時期：2006年8月

安全・安心の絆をつくる

　好意や信頼性を形成する方法はさまざまであるが、食品流通でよく耳にする「トレーサビリティー」もその一環である。かつて、「食品の安全性」は当然のことであり、だれもが疑いを持つことはなかったが、最近では、信頼性の高い国産のメジャーブランドにおいて「安全・安心・高品質」の神話が次々と崩壊する事態となっている。そうしたなかで、食品の提供プロセスである「生産・処理・加工・流通・販売」に関する情報取得ニーズはいっそう高まっている。

　消費者自らが、その食品を「いつ、だれが、どのように生産したか」という情報を入手し確認できることが、商品に対する信頼を育み、それが購買の意思決定に強く影響する。これまでは見えなかった「生産から流通」という流れの可視化、ボーダレス化である。飲食店の「オープンキッチン」やデパ地下の「バックヤードのフロント化（実演調理）」もその一例であり、製造過程を公開することで消費者の支持を得ているともとらえられる。食品の場合は特に、モノを買うというより、嘘や隠しごとのない製造プロセスを確認し、安全・安心を実感し、信頼を買うことが重要なポイントになる。

　生産・加工から自宅まで、つくり手の顔の見える関係性づくりは、家電製品でも始まっている。生産工場のマークが品質保証のシンボルとして店頭で情報発信され、売り上げを伸ばしている例がある。消費者とブランドの絆づくりには、プロセスの可視化が不可欠であり、そうした信頼をベースに、消費者からパワーカスタマーへの変身が実現されるのである。

> コラム
>
> ## 絆づくりは特典・特定系から、共感・魚群系へ

株式会社ビジュアルソウケン　宇都宮吉宏氏

購買行動を特典で特定する絆の入り口

　購買特典の原点ともいえる「ポイント制」は19世紀半ばにアメリカで誕生した。小売業者が仕入れの手違いで大量に抱え込んだ在庫処理のため、商品の包装紙にスタンプ券を貼り付け、これを集めれば絵画と交換できるというサービスを実施したところ、在庫処分の苦肉のアイデアが人気を呼び在庫は解消した。この成功から、百貨店やメーカーが販売促進の手段として採用するようになったのである。

　日本でも「スタンプ券」の普及を経て、現在ではプラスチックカードとコンピュータによるポイント集計に移行している。この方式は1970年代後半に登場、85年には「ヨドバシカメラ」がPOSレジと連動、商品管理と販売促進を兼ねた方式を導入した。こうしたFSPと呼ばれる顧客情報を収集する手法は、「特典による購買行動の特定」であり、企業や店舗と顧客の結びつきを強める有効な手段となった。

不特定多数から特定多数へ、長期的関係へ絆を深耕

　FSPは一方で、望ましい（利益・売り上げに貢献してくれる）顧客に特典を与え、バーゲンハンターには特典を提供しない手法でもある。この背景には、売り上げや利益の約8割は上位2〜3割の優良顧客からもたらされているといった実態分析が根拠になっている。優良顧客の特定化がアメリカ型、顧客との長期関係（バーゲンハンター含む）を重視するのが欧州型と区分されることもある。CRM（カスタマーリレーションシップマネジメント：情報システムを応用して企業が顧客と長期的な関係を築く手法）は、顧客との「絆」の最適化であり、関係のシステム化でもある。

テクノロジーで多様化する顧客との絆は、共感型からさらに発見型へ

　アメリカで始まった航空会社のマイレージサービスは、航空会社を中心に

提携関係が広がり、たまったポイントを商品と交換したり、値引きに利用できるようになり、特定の企業や店舗との絆とは異なる多次元的な結び付きへの移行が始まった。カードに集約されていた「絆ツール」は、電子マネーやバイオメトリックス（指紋や眼球の虹彩、声紋などの身体的特徴により本人確認を行う認証方式）決済システムの普及拡大により従来の延長線とは異なる次元に移行する。

一方、ブログやSNS（コミュニティー型ウエブサイト）で消費者が自発的に発信する情報やコンテンツが、従来型の顧客セグメントやFSPとはまったく異なる「共感群」を生み出す。既存の調査会社による製品評価や市場分析では満足できない企業は、影響力のあるブロガー（ブログユーザー）とのコンタクトによって、率直で示唆に富む情報収集をはじめ、協働による商品開発やBR（ブロガーリレーション）による商品やサービスの展開も重要視している。ここでは、共感による熱狂的なファン群の発生や集合知による参加共感群など、従来型の企業や店舗との結び付きとは異なる絆が魚群のごとく発生し、潮流に応じて変幻する。囲い込みや固定化といった「牧場型」の手法では、期待する効果が得られにくくなるかもしれない。

「ブラックカード」に代表される「限定・サロン型の絆」から、自発的なブログやSNSによる「共感型の絆」、将来的にはGPSやICタグ、携帯電話など、ユーザーの意識・無意識にかかわらず自動的に発信されるさまざまな情報の集約による、ユーザーにとって最適でサプライズと満足度の高い「発見型の絆」開発も考えられよう。

Chapter 5

セルフ販売と
コンサルティング販売の融合

　ここまで、情報を軸に、売り場における商品の認知から購買にいたるストーリーづくりについて考えてきたが、ここからは、売り場の主役である顧客に焦点をあてる。
　いま、セルフサービス式の魚売り場などで、対面販売に力を入れるお店が増えている。その理由は、消費者の要望を探りながらなじみ客を増やすことにあるが、もうひとつ、従業員の意識改革という側面もある。
　従来は別々に論じられることの多かったセルフ（サービス）販売とコンサルティング（対面）販売だが、それぞれのメリットを生かした、真の意味で顧客基点に立った新たな販売スタイルが模索されている。
　Chapter5では、セルフ販売の現状をふまえた上で、コンサルティング販売のエッセンスを整理し、お互いが補完し合うところからみえてくる販売の高度化の方向性を探ってみたい。

1　高度化するセルフ販売

セルフ販売とコンサルティング販売

　消費者の意識や消費行動は、消費対象とする商品やサービスの違いによってはもちろんのこと、消費者自身の生活環境やライフスタイルによって、また、ライフステージによっても、大きく変化する。そうした消費者の意識や行動についての研究は、それぞれのアプローチから多くの研究がなされているが、購入・販売の現場における消費者の意識や行動、その変化についての詳細な研究は意外に少ない。

　消費の現場すなわち購入・販売の現場においては、ターゲット、商圏、ISM（インストアマーチャンダイジング）やブランドに応じた「店づくり」「接客応対」「プロモーション」などが展開され、売り上げの最大化が図られている。ひとくくりに「売り方・販売方法」とも整理することもできるが、「売り方・販売方法」の違いによっても消費者の意識や消費行動は大きく変化するものと思われる。

　販売方法については、一般的にセルフ（サービス）販売とコンサルティング（対面）販売に大別されるが、セルフ販売は基本的に人を介さない売り方であるがゆえに、ISM、VMD（ビジュアルマーチャンダイジング）、店頭プロモーションなどにおいていわゆる「販売の科学」が発展し、その効果の検証もなされているが、一方のコンサルティング販売は、営業または販売スタッフ個人の接客応対スキル、コミュニケーションスキル、コンサルティングスキルに拠るところが大きく、セルフ販売ほど「販売の科学」としての研究や検証が進められていないのが現状である。

　ここでは、特にコンサルティング販売にフォーカスし、コンサルティング販売の現状、セルフ販売における消費者の意識や行動との相違点などを整理してみたい。また、近年の消費の現場では、コンサルティング販売が主体で

ありながらセルフ販売の要素を取り入れた売り場づくりを展開していたり、逆に、セルフ販売でありながらコンサルティング販売の要素を取り入れている例も数多くみられる。そうした現状を考えると、コンサルティング販売とセルフ販売それぞれの長所を融合した、新たな販売戦略や販売スタイルをみすえた研究視点が重要になってくると思われるのである。

「販売の科学」の成長と発展

　セルフ販売とコンサルティング販売については、イメージのレベルでとらえられることも多い。ここではまず、セルフ販売とコンサルティング販売の定義を整理していくが、その前に、これまで蓄積されてきた「従来の売り方」（販売の科学、概念、システムなど）を概観しておきたい。さまざまな小売業において、店舗運営の基本的なプロセスとそこで使われる手法を整理してみた（図5-1）。

　これらの手法（販売の科学・概念・システム）には、大量生産・大量消費時代の到来と同時に、販売の効率性を重視するなかで考案され、進化してきたものが多い。特にセルフ販売においては、人を介さない販売手法であるがゆえに、消費者が商品を自然に手に取れるような仕組みづくりを発展させてきたといえる。

　売り上げを増やすための店頭づくりを考え、仮説を構築・実践し、その検証をし続けることで、多くの積み重ねを行ってきた。たとえば、「ここに商品を置いたらよく売れた」、「こんなPOPを付けたらよく売れた」など、仮説を立てながらトライ・アンド・エラーを繰り返し、「販売の科学」の検証と成功ノウハウの蓄積が進められてきている。

　これらの手法は、販売の現場でいまも活用されており、試行錯誤を繰り返しながらさらなる発展を遂げている。最近では、ICタグと人の動きを感知する商品棚の設置により、顧客動線の把握はもとより、「手にしたけれども買わなかった」商品の追跡を行うことも可能になり、そこから得られた知見をより効率的な商品陳列に生かすといった対応もみられる。また、バーコード

の代わりに商品にICタグを付け、読み取り機にかざせば一瞬のうちに買い物カゴの会計が終わる、といった実証実験も行われている。

今後も、いわゆる「販売の科学」の発展は続くと思われるが、ここで留意したいのは、そうした「販売の科学」の多くが大量生産・大量消費時代のセルフ販売において発展してきたという事実である。

図5-1 小売業における代表的な販売の科学・概念・システム等

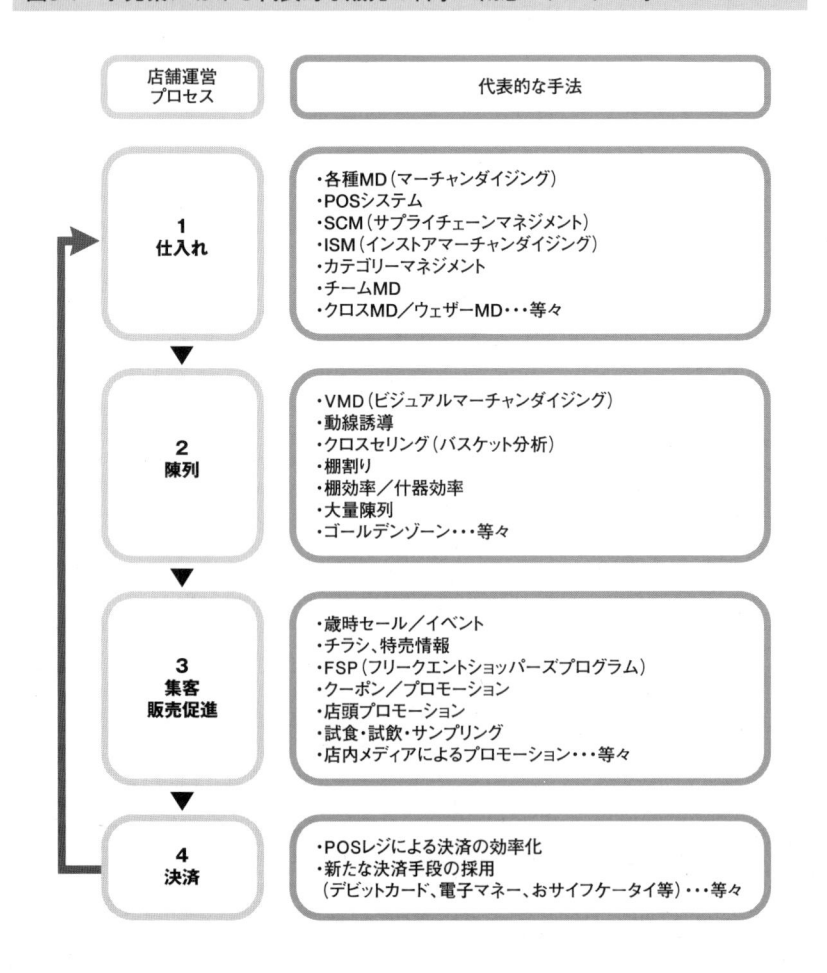

店舗運営プロセス	代表的な手法
1 仕入れ	・各種MD（マーチャンダイジング） ・POSシステム ・SCM（サプライチェーンマネジメント） ・ISM（インストアマーチャンダイジング） ・カテゴリーマネジメント ・チームMD ・クロスMD／ウェザーMD・・・等々
2 陳列	・VMD（ビジュアルマーチャンダイジング） ・動線誘導 ・クロスセリング（バスケット分析） ・棚割り ・棚効率／什器効率 ・大量陳列 ・ゴールデンゾーン・・・等々
3 集客販売促進	・歳時セール／イベント ・チラシ、特売情報 ・FSP（フリークエントショッパーズプログラム） ・クーポン／プロモーション ・店頭プロモーション ・試食・試飲・サンプリング ・店内メディアによるプロモーション・・・等々
4 決済	・POSレジによる決済の効率化 ・新たな決済手段の採用 　（デビットカード、電子マネー、おサイフケータイ等）・・・等々

セルフ販売の現状

　前述の通り、セルフ販売の分野においては多くの「販売の科学」が確立され、発展を遂げてきたが、そもそも「セルフ販売」とはどういうものなのか。ここでは、セルフ販売の定義を整理するとともに、セルフ販売の現状について簡単にまとめてみたい（図5-2）。

図5-2　現状のセルフ販売の定義例

①売場面積の50％以上についてセルフサービス方式を採用している法人組織及び個人経営の小売商店をいう。なお、セルフサービス方式とは、あらかじめ包装され、値段がつけられている商品を客が自分で取り集め、店又は売場の出口に設けられた勘定場で一括して支払いを行う方式をいう
【総務省統計局資料より】

②セルフサービス方式（予め包装され、値段のつけられた商品を、客が店に備え付けられたバスケットなどにより取り集め、売場出口などに設けられた勘定場で一括して代金の支払いを行う方式）を売場面積の50％以上で採用
【「川崎市の商業」より】

③1.商品を無包装のまま、あるいはプリパッケージ（消費単位に合わせてあらかじめ包装する）され、値段がつけられていること。2.店に備え付けられた、買物カゴ、ショッピングカートなどにより、客が自分で自由に商品を取り集めるような形式をとっていること。3.売場の出口などに設けた勘定場で客が一括して代金の支払いを行う形式になっていること。以上三つの条件を兼ねる場合をいう
【「平成14年沖縄県の商業」より】

④商品説明を行うための販売員を置かない販売方法のこと。顧客自らが陳列棚にディスプレイされた商品を手に取って選択し、レジまで持ち運んで精算する販売方法
【「Realtime Retail」より】

⑤セルフ販売とは、店頭に商品を陳列し、消費者が手に取って選んでもらう販売方式のこと
【「wisdom」より】

こうした定義は非常にあいまいであり、既存小売業でこうした定義にあてはまるのは、コンビニエンスストア、スーパーマーケット、生協、ディスカウントストア、ドラッグストア、ホームセンターなどで、他の多くの業態・業種のお店は現状の定義にはあてはまらないことになる。

では、こうした定義にあてはまるスーパーマーケットとコンビニエンスストアの現状はどのようになっているだろうか。小売業の業態別売上高の推移をみると、スーパーでは1997年に最高販売額を記録し、その後は大幅に下落し、伸び悩んでいる。また、コンビニエンスストアにおいても、出店数にともない順調に売り上げを伸ばしてはいるものの、飽和状態による競争激化のために今後の成長要因を見いだせないでいる（図5-3）。

図5-3　小売業態別売上推移

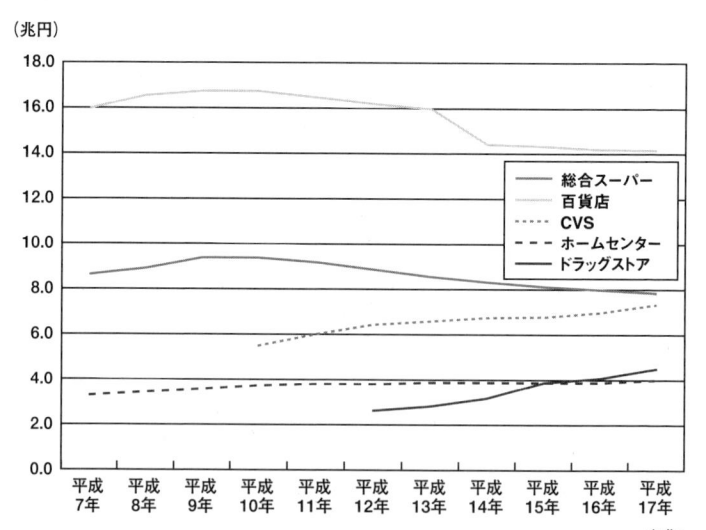

（兆円）

出典：
・百貨店売上高：日本百貨店協会　・総合スーパー売上高：日本チェーンストア協会
・CVS売上高：日本フランチャイズチェーン協会　・ホームセンター売上高：日本DIY協会
・ドラッグストア売上高：日本チェーンドラッグストア協会

一方、セルフ販売に分類することが可能と思われる通信販売市場は、インターネットの普及に合わせ着実な伸びを示している（図5-4）。これまでスーパーやコンビニエンスストアなどリアルなお店で購入していたと想定される家庭用品や雑貨、食料品なども現在では通信販売市場で取り扱われており、セルフ販売チャネルが苦戦する一因ともなっている。

図5-4　通信販売業界の売上高推移

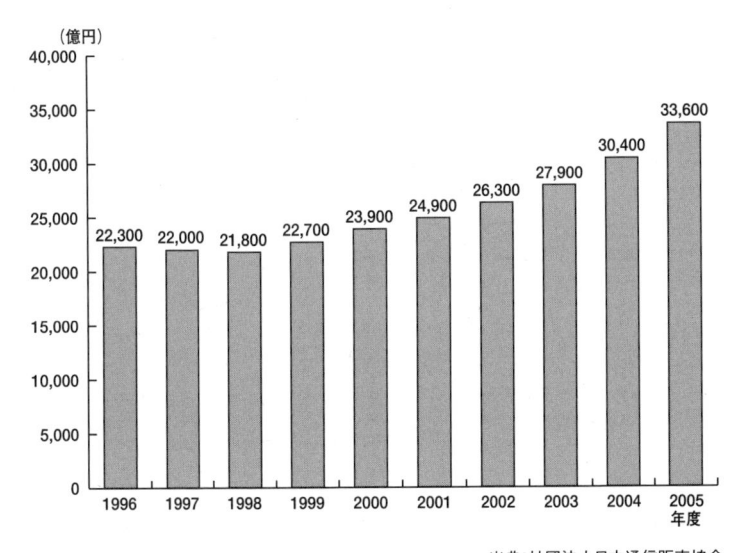

年度	売上高（億円）
1996	22,300
1997	22,000
1998	21,800
1999	22,700
2000	23,900
2001	24,900
2002	26,300
2003	27,900
2004	30,400
2005	33,600

出典：社団法人日本通信販売協会

　セルフ販売の定義に近い業態で苦戦が強いられている現状をみると、主にセルフ販売の現場で培われてきた従来の「販売の科学」がその限界を迎えているともとらえられよう。いま、セルフ販売の現場には新たな発想が求められている。陳列すれば売れる大量消費時代は終わり、こだわりを持ち、賢くなった消費者に多種多様な商品を提供していかなくてはならない。人口構造

の変化、競争環境の変化、価値観やライフスタイルの変化など、大きなパラダイムの転換を認識した上で、セルフ販売の現場に求められているのはどのような科学なのであろうか（図5-5）。

図5-5　新たな「販売の科学」へ

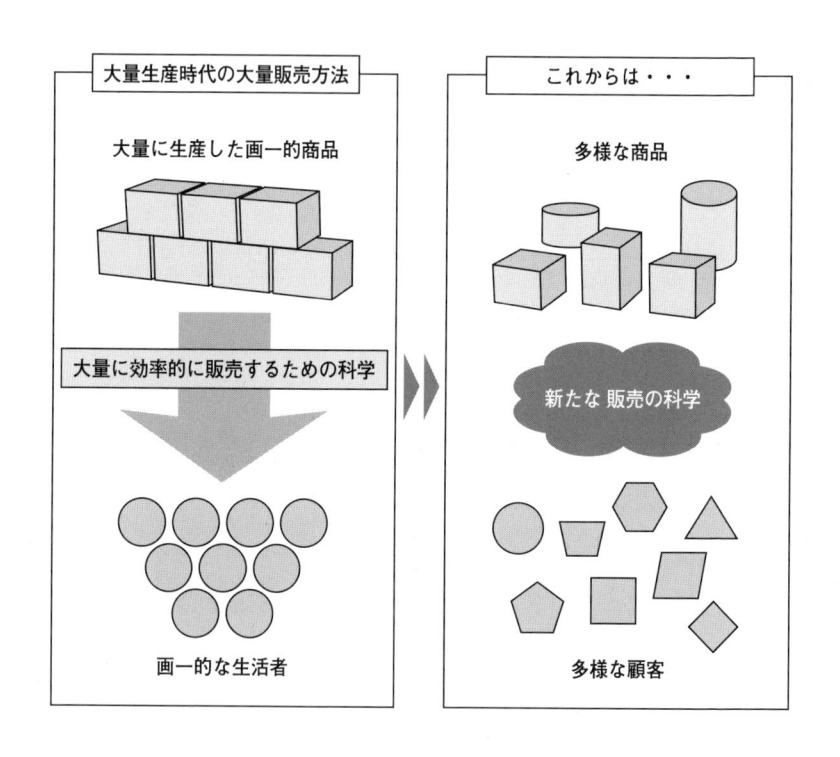

大量生産時代の大量販売方法	これからは・・・
大量に生産した画一的商品	多様な商品
大量に効率的に販売するための科学	新たな 販売の科学
画一的な生活者	多様な顧客

高度化するセルフ販売
～コンサルティング販売のノウハウの活用

　取り組みのレベルはさまざまであるが、より高度な情報提供や高度な接客応対の実現といったかたちで、セルフ販売を基本としながら、コンサルティ

ング販売の売り方を活用し、効果を上げているケースもみられる。

アメリカのボストン南部にあるアホールドUSA傘下の食品スーパー「ストップ＆ショップ・スーパーマーケット・カンパニーズ」では、IBMとシステム会社が共同開発した「ショッピングバディ」と呼ばれるハイテクカートの導入を進めている。

同店の利用者は入り口近くで端末を受け取り、自分の会員カードのIDを読み取らせる。端末はワイヤレスLANを経由してサーバーに接続しており、端末画面に表示されるさまざまな情報を見ながら買い物をすることができる。当該顧客が過去13週間に何を買ったのかを表示する購入履歴のほか、購入頻度が高く、会員カードで安く購入できる商品の一覧、あるいは、顧客ひとりひとりの好みに合った商品のおすすめ、商品の置いてある場所など、端末（システム）と利用者のコミュニケーションにコンサルティング販売の要素を取り入れているのだ。

同店における「ショッピングバディ」の利用率はまだ10％程度と低いが、上顧客には通路ごとに自分向けの推奨商品が表示することなどによって、客単価の向上に確実に貢献しているという。

国内の大手総合スーパーでも、効率優先のセルフ販売手法を見直し、接客レベルの向上に大掛かりに取り組んでいるところがある。「商品を並べ、売れるのを待っている従来型の商売はもう通用しない」という考え方から、「専門店に負けない人づくり」をスローガンに掲げ、パート店員にも商品知識やコンサルティングノウハウに関する教育を実施することにより、きめ細かな接客と専門店並みのコンサルティング能力で利用者の相談に応えたり、新しい提案を行うことを目標にしている。

ここで興味深いのは、コンサルティング販売のノウハウをセルフ販売の現場に持ち込むことで、現場の販売員に権限を与えながらモチベーションを高めることが意図されている点であり、売り場の改革にとどまらず、組織改革の一環としての取り組みとなっていると考えられよう。

また、埼玉県下で14店舗を展開するスーパーでも、各店舗、各売り場のスタッフがそれぞれに上位30名の顧客を把握し、顔の見えるコミュニケーションを行うとともに、おすすめ商品を声掛けし、顧客の相談に応じながら、購

買促進を図るという提案型の販売スタイルを実践している。このスーパーではそうした一連の行動を「商売の原点回帰」と称しているが、これにより年間24％の増収、31％の増益を達成したという。

いま、セルフ販売方式の代表格といわれてきたスーパーマーケットにおいても、コンサルティング販売の要素を生かした取り組みが数多くみられるようになっている。それは、これまで「売り場づくり」や「システムづくり」に注力し販売効率を追求してきた流れとは大きく異なり、人を通じたコミュニケーションの高度化、接客スキルの高度化によって販売の最大化、顧客満足の最大化を狙う戦略といえる。

このほかにも、コンビニエンスストア、家電量販店、百貨店（主に平場）、アパレル専門店など、数多くの業態においてコンサルティング販売の要素を取り入れる動きが活発化しており、セルフ販売にも新たな進化の方向が開けつつある（図5-6）。

図5-6　セルフ販売の高度化の方向性

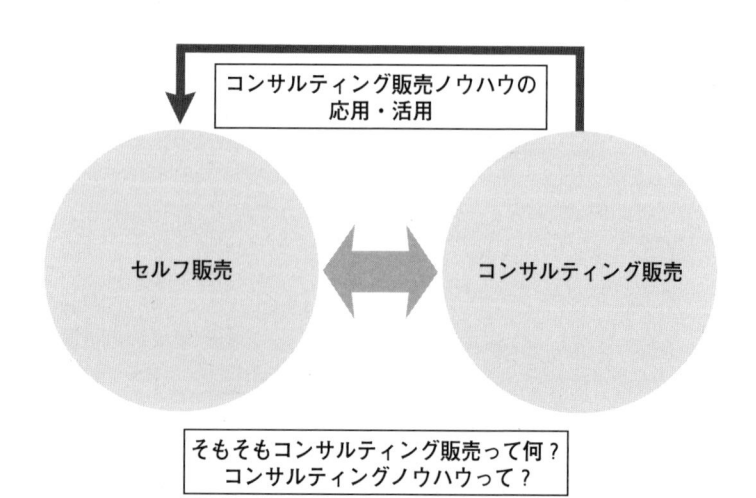

2 コンサルティング販売とは

コンサルティング販売の広がり

　歴史をさかのぼれば、そもそも商品やサービスの販売スタイル（商いのスタイル）は、どのような業界であっても、お客様とのコミュニケーションを基本にきめの細かい接客販売を行うのが主体であったと思われる。

　商店街の魚屋や八百屋、精肉店のどれを取っても、お客様と対面し、その日の「おすすめ商品」や献立を提案をしながらビジネスを行ってきた。そうしたコミュニケーションは、セルフ販売においては効率性追求の観点からそぎ落とされてきた部分ともいえるが、本来商いの原点ともいう要素であろう。

　仮に、商いの原点ともいえるプッシュ販売スタイルをコンサルティング販売のひとつと考えるならば、いまコンサルティング販売の手法に再度脚光が集まり、また、セルフ販売にコンサルティング販売の要素が取り入れられていることは、販売の原点回帰現象ともとらえられよう（図5-7）。

コンサルティング販売の定義

　現在、もっとも身近なコンサルティング販売は、ドラッグストアにおいてお客様の症状や要望に合わせて医薬品をすすめる、という形態だろう。もともと「Consultant」という言葉は「相談相手」や「顧問」を指すが、英語では「診察医」を示すことも多く、ドラッグストアの例は的を射ているといえるかもしれない。

　「コンサルティング」という言葉を辞書で調べると、「専門的な事柄の相談に応じること」とある。企業を対象にコンサルティングビジネスを行う経営コンサルティングの定義、不動産コンサルティングの定義、ITコンサルティ

図5-7 コンサルティング販売の広がり

- コンサルティング販売 — 商いの原点としてのコンサルティング販売
- コンサルティング販売 → セルフ販売 — 大量生産、大量消費時代、販売効率重視のセルフ販売の成長
- コンサルティング販売 ↔ セルフ販売 — 競争環境激化、セルフ販売ノウハウの限界到来による、セルフ販売におけるコンサルティング販売ノウハウの再流入

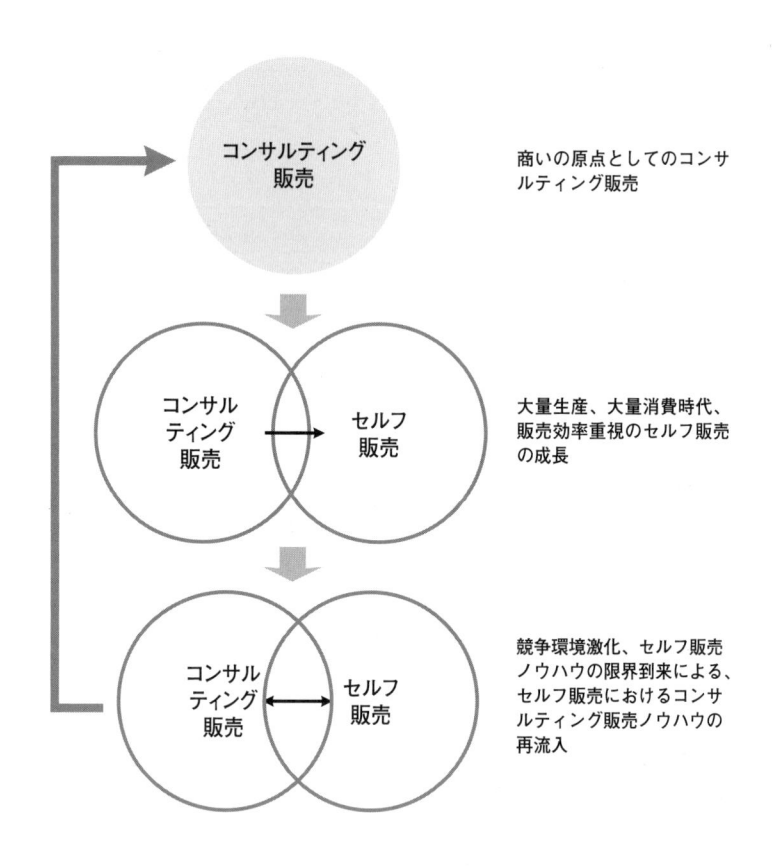

ングの定義など、さまざまな定義が存在するが、いずれもコンサルティング業務自体が商品・サービスとなり、顧客がその対価を支払うかたちとなる（図5-8）。

　それゆえ、コンサルティング業務を行うコンサルタントには、顧客の顕在・潜在ニーズを聞き出す能力（コミュニケーション能力）、深い分析力、幅広い専門知識、提案力（プランニング力）などのスキルが求められることとなる。

　一方、コンサルティング販売においては、コンサルティングサービスの提

図5-8 コンサルティングビジネスの定義例

■経営コンサルティングとは
独立した専門的助言サービスで、経営管理上のビジネスの諸問題を解決し、新しい機会を発見して捕捉し、学習を向上し、変革を実施することによって、組織の目的・目標を達成する上で、経営者や組織を助力することである(ミラン・クーバー：ILO事務局)

■不動産コンサルティングの定義
不動産コンサルティングとは、不動産に関する専門家としての知識や経験を生かし、公平かつ客観的な立場から、不動産の利用、取得、処分、管理、事業経営等について、依頼者が最善の選択や意思決定を行えるように助言し、あるいは提言する業務をいう(不動産コンサルティング会議)

供だけでは顧客からその対価が得られないケースがほとんどであり、あくまでも商品を購入してもらうことが最大の目的となっているために、コンサルティングそのものは付加価値要素にとどまることが多い。

コンサルティング販売の定義に関しては、各団体や企業がそれぞれ独自に定義づけを行っており、セルフ販売のように広く公になっている定義は見当たらない（図5-9）。例に挙げたように、いずれも顧客とのコミュニケーション（アドバイス、説明、専門知識、コンサルティング）を基本にとらえている点をセルフ販売との相違点とした定義づけを行っている。

これらをみるかぎり、コンサルティング販売は、店員がお客様の商品選択および購買の意思決定に何らかのかたちで関与するというものであり、それ以外（以上）の共通概念はないようである。ただし、「商品選択および購入の意思決定に影響を与えるコミュニケーション」のあり方が、コンサルティング販売の分析において重要なポイントになることは明らかである。

昨今、販売の現場では○○カウンセラー、○○アドバイザー、○○コーディネーター、○○プランナー、○○コンシェルジュなど、さまざまな名称や肩書きを持った店員が数多く見受けられる。いずれも、商品販売における付加価値づけ、知覚品質づくり、もしくは、ブランドビルディングの視点から設置されていると思われるが、それはまた、いまだ消費者がコンサルティン

グサービスの価値を認めるまでにはいたっていない現状の表れと思われる。
　商品・サービス販売の最大化に向け、ブランドイメージの向上に向け、また、顧客満足の最大化に向け、その目的はさまざまであるが、消費者行動プロセスの各段階において、どのレベルまでコンサルティング手法を取り入れるべきかは、企業サイドの課題であり、今後検証が必要になる領域といえる。消費者による情報収集方法の変化、あるいは消費に対する意識変化が低レベルのコンサルティング販売の手法を陳腐化してしまう恐れもあり、早急なコンサルティング販売の高度化が期待される。

図5-9　コンサルティング販売の定義例

①消費者に対して、それぞれのメーカーの商品情報を提供する一方、肌質や好みに合った化粧品を選ぶ手助けをしたり、さらに正しい使用方法や肌の手入れの仕方を教えながら 商品を販売すること。制度品メーカーの高級品を販売する際には欠かせない販売方法
　　　　　　　　　　　　　【NCMネット「化粧品業界の概略」より】

②お客様が自分で商品を選ぶコンビニエンス的なセルフ販売ではなく、お客さまとのコミュニケーションを大切にしながら、専門知識とアドバイスを提供する販売手法です
　　　　　　　　　　　　　【(株)SEIJO資料より】

③コンサルティング販売とはまさに言葉のとおり、お客様のご要望をじっくりお伺いしてからご要望に近い商品をスタッフが探してご提案する方法です
　　　　　　　　　　　　　【HOME DECO HPより】

生活者の消費意識・心理的負担度からの考察

　定義はあいまいではあるものの、コンサルティング販売の一般的な特徴として、ていねいな接客応対、顧客ニーズへのアドバイスなどが思い浮かぶ。どちらも、顧客に対するコミュニケーション深度を高めようとする場合に有

効に働く特徴であり、コンサルティング販売とセルフ販売の違いであると考えられる。ここでは、コンサルティング販売とセルフ販売の相違点を、生活者の消費意識および心理的負担度に焦点をあてることによって考察してみたい。

コンサルティング販売において行われている取り組みは、一般的なセルフ販売の現場ではあまりみられない。この要因として、取り扱う商品・サービスの違いが思い浮かぶ。簡単にいえば、「コンサルティング販売に適した商品であるかないか」という観点であるが、この観点は必ずしも正しいとは限らない。たとえば、パソコンという商品がコンサルティング販売に適しているかどうかを判断する指標は、パソコンを利用する人の「消費意識」と「心理負担度」であると考えられる。

パソコンを例にすると、「消費意識」については、購入者が若年もしくは高齢か、男性もしくは女性かといった属性の違いの問題もあるが、リテラシーの違い、利用用途の違い、買い替え頻度や利用年数・耐久年数に関する考え方、費用負担の意識の違いなどにより、コンサルティング販売が望まれる商品なのか、そうではないのかが方向付けられる。

一方、「心理的負担度」を左右する要素は、主に商品・サービスの購入における費用負担度、利用年数・耐久年数、使用用途・シーン、購入頻度などが挙げられ、また、生命・財産に関わる要素なども心理的負担度を変化させるものと考えられよう（図5-10）。

図5-10に示す通り、A領域（心理的負担度─高、商品知識・リテラシー─低）では、よりていねいな商品説明やニーズへの対応が必要となり、コンサルティングが強く求められる。この領域にあてはまる商品・サービスとして住宅、車、金融商品などが挙げられる。

また、A領域の対極にあるD領域（心理的負担度─低、商品知識・リテラシー─高）の商品・サービスとして食品、日用雑貨などが挙げられ、これらはセルフ販売でも十分対応が可能な領域といえよう。

B領域とC領域は、特殊な新商品・サービスであり、また、現状ニッチな領域ととらえることができるが、多様化する消費者への対応の過程において確実に拡大している領域といえる。

図5-10　商品知識と心理的負担

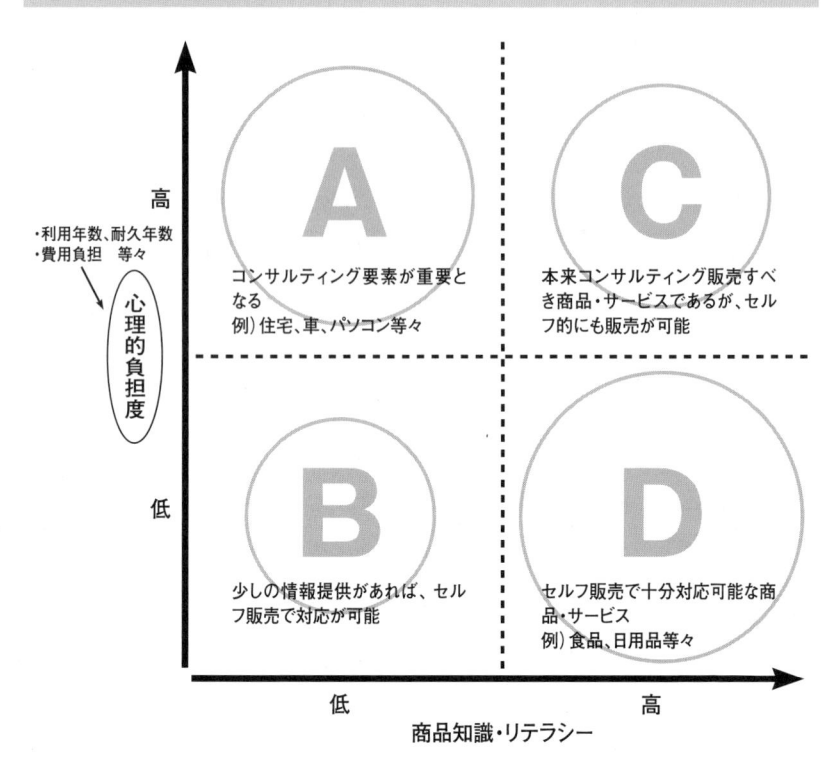

・利用年数、耐久年数
・費用負担　等々
→ 心理的負担度

高　A　コンサルティング要素が重要となる
例）住宅、車、パソコン等々

C　本来コンサルティング販売すべき商品・サービスであるが、セルフ的にも販売が可能

低　B　少しの情報提供があれば、セルフ販売で対応が可能

D　セルフ販売で十分対応可能な商品・サービス
例）食品、日用品等々

低　　　　高
商品知識・リテラシー

　コンサルティング販売のマーケットボリュームについては後述するが、A領域とB領域、そしてC領域の拡がりとともに、従来のセルフ販売の進化、あるいはコンサルティング販売への注目が高まっていると考えられる。
　以下、コンサルティング販売の新たな定義づくりに向けて、消費者行動プロセスについて考察していく。

消費者行動プロセスからの考察

　これまで、生活者の消費意識と心理的負担度の観点からコンサルティング

販売とセルフ販売の違いを考察したが、次に、消費者行動プロセスから両者の違いを考えてみる。

消費者の消費意識や消費行動に関する著書は数多く存在し、さまざまな角度から研究が行われているが、一般的なものとして、下記のモデルを用いる（図5-11）。このモデルは、平久保仲人氏の『消費者行動論』で紹介されているモデルで、「消費者行動のプロセスは問題を認識することから始まる」としたものとなっている。

図5-11　消費者行動のプロセス

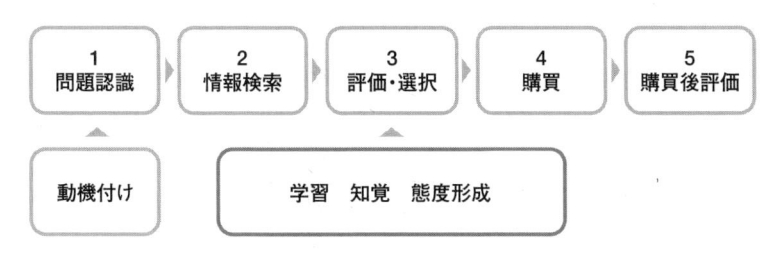

1 問題認識 → 2 情報検索 → 3 評価・選択 → 4 購買 → 5 購買後評価

動機付け　　　　　学習　知覚　態度形成

出典：平久保仲人「消費者行動論」

これは汎用モデルであり、対象となる商品によってプロセスが変化したり、各プロセスにかける時間も変化することになるが、このプロセスの「1　問題認識」から「3　評価・選択」において、コミュニケーションが特に重要な機能を果たすこととなる。

店頭においてもこのプロセスは成り立ち、それぞれにおいて販売促進を目的としたコミュニケーションが展開されることになる。ここでのコミュニケーションは広義にとらえるが、「接客」、「VMD」、「店頭キャンペーン」、「店内チラシ」、「店内放送」、「タイムセール」、「店内メディア」など、さまざまな形態が挙げられる。

先に挙げたコンサルティング販売の定義に照らせば、このプロセスにおいて「店員（販売員）がメディア」となり顧客とのコミュニケーションが図られる形態がコンサルティング販売ということになる。問題認識に対する動機

付け、情報検索、評価・選択プロセスにおける商品・サービスの認知・理解促進、パーセプション形成など、店員によるコミュニケーションが有効に機能し、購買行動に結び付く確率が高い商品・サービスにおいて、この手法が効果的・効率的であると判断され、コンサルティング販売が取り入れられるといえよう。

こうした視点から考えれば、コンサルティング販売の場合、消費者行動プロセスにおいて店員を介したコミュニケーションが図られている点が、セルフ販売との最大の相違点であると考えることができる。悩みに対するアドバイスや顧客ニーズに対応する商品の提案などは、店員を介さなければ解決できない問題なのである。

これら販売時点における行動は、消費者行動プロセスに沿って分類することができる。コンサルティング販売とセルフ販売におけるコミュニケーション深度も考慮して整理すると右ページのようになる（図5-12）。

このレベル分類に沿って、店員の関与度を考慮しながら分類すると、「説明レベル」以上のコミュニケーション深度において販売がなされるものがコンサルティング販売となり、「通常接客応対レベル」で販売がなされるものがセルフ販売と規定されよう。以下、それぞれのレベルについて簡略に説明しておく（図5-13）。

図5-12 店頭における販売行動分類とコンサルティング販売のレベル分類

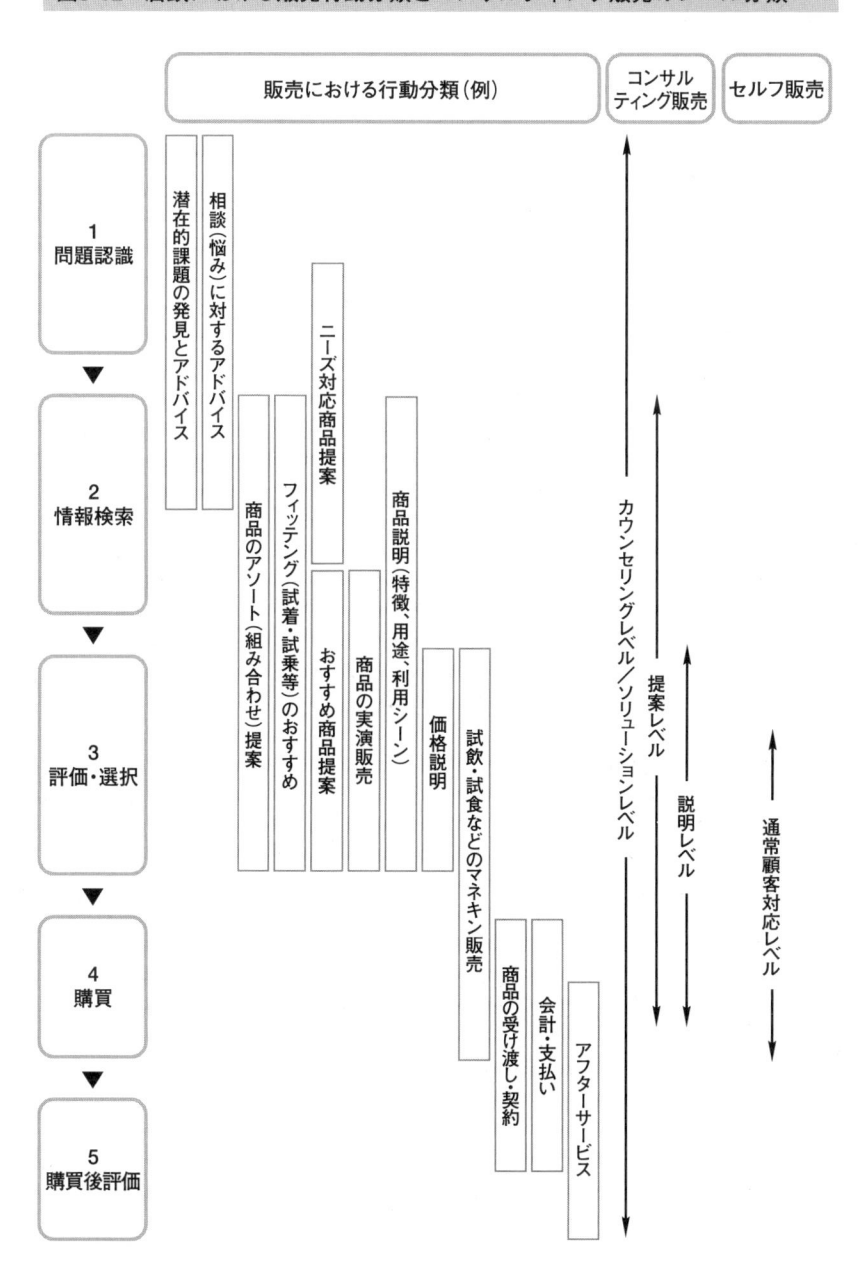

購買プロセス	販売における行動分類（例）	コンサルティング販売	セルフ販売
1 問題認識	潜在的課題の発見とアドバイス／相談（悩み）に対するアドバイス	カウンセリングレベル／ソリューションレベル	
2 情報検索	商品のアソート（組み合わせ）提案／ニーズ対応商品提案／フィッティング（試着・試乗等）のおすすめ／おすすめ商品提案／商品の実演販売／商品説明（特徴、用途、利用シーン）／価格説明／試飲・試食などのマネキン販売	提案レベル／説明レベル	通常顧客対応レベル
3 評価・選択			
4 購買	商品の受け渡し・契約／会計・支払い		
5 購買後評価	アフターサービス		

135

図5-13 コンサルティング販売における各レベルの定義

コンサルティング販売

＜カウンセリングレベル＞
・深い商品知識、顧客情報、ヒアリング情報をもとに、まだ顕在化していない顧客の課題やニーズまでも引き出し、顧客に最適な商品・サービスを提供する。顧客との深い信頼関係を築き、商品・サービスに販売での付加価値提供が可能となるレベル、または、そこでの情報提供・カウンセリング自体が商品化できるレベル。
商品・サービスの購入後のアフターフォローも含め顧客との深い関係性構築が必要となる

＜ソリューションレベル＞
・カウンセリングレベルとほぼ同様だが、顧客の顕在課題、顕在ニーズをベースとする点で分類する

＜提案レベル＞
・顧客の情報検索を助け、商品情報の提供と説明を行う。販売側の「売りたい商品・サービス」についても、能動的に情報提供し、おすすめ提案を行う。いわゆる通常のセールス活動のレベル。購入にいたるまでは積極的なコミュニケーションを取るが、購入後のアフターフォローまでは実践しない

＜説明レベル＞
・顧客からの質問に対し、商品やサービスの情報を提供するといったコミュニケーション。商品・サービスの評価・選択の段階において、積極的なコミュニケーションを取り購入につなげる。顧客にカスタマイズされた提案ではなく、あくまでも商品情報が中心となる

セルフ販売

＜通常顧客対応レベル＞
・購入の段階でのみ通常の接客応対ベーシックとしての挨拶や、商品受け渡しや支払い時の事務的手続きに必要となるコミュニケーションが行われる。無店舗販売形態を除き、セルフ販売方式を取る小売店でも行われる接客応対レベル

コンサルティング販売のマーケット

　コンサルティング販売のマーケットボリュームを考える場合、現状では、コンサルティング販売が行われているであろう各業種・業態の市場規模の積み上げによる推算以外適当な方法は見当たらない。細かくみていくと、セルフ販売とコンサルティング販売の両方を行っているケースも想定されるが、対象となる業種・業態を例として抽出してみた（図5-14）。

図5-14　コンサルティング販売が行われている業種・業態

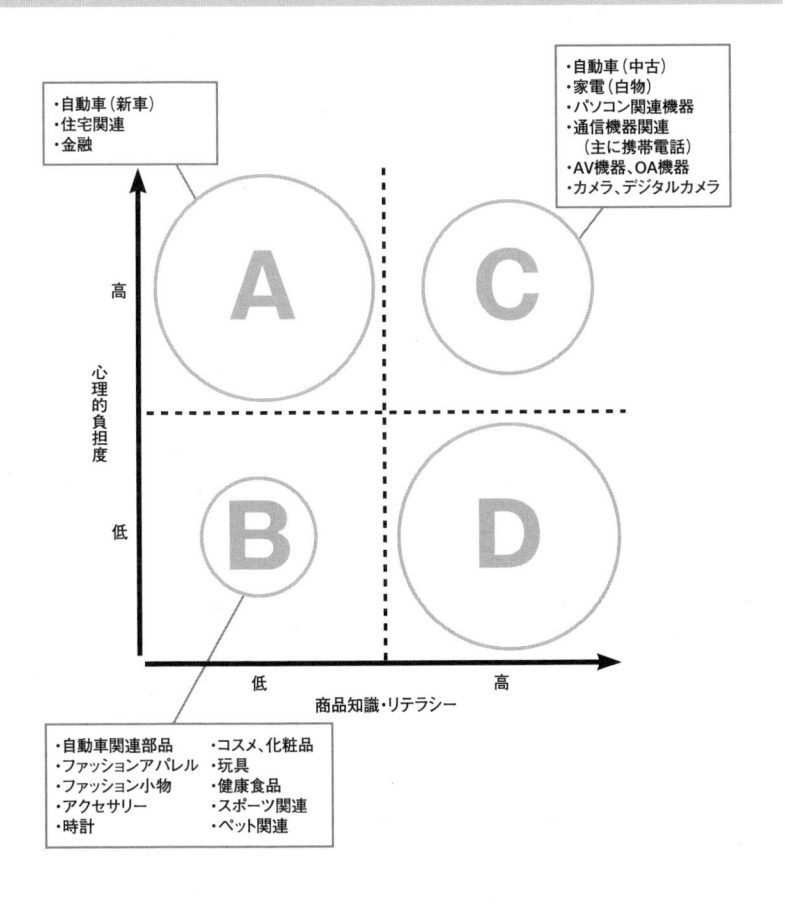

- A（心理的負担度：高、商品知識・リテラシー：低）
  - ・自動車（新車）
  - ・住宅関連
  - ・金融

- C（心理的負担度：高、商品知識・リテラシー：高）
  - ・自動車（中古）
  - ・家電（白物）
  - ・パソコン関連機器
  - ・通信機器関連（主に携帯電話）
  - ・AV機器、OA機器
  - ・カメラ、デジタルカメラ

- B（心理的負担度：低、商品知識・リテラシー：低）
  - ・自動車関連部品
  - ・ファッションアパレル
  - ・ファッション小物
  - ・アクセサリー
  - ・時計

- D（心理的負担度：低、商品知識・リテラシー：高）
  - ・コスメ、化粧品
  - ・玩具
  - ・健康食品
  - ・スポーツ関連
  - ・ペット関連

図5-15　コンサルティング販売が主に行われている業界・商品カテゴリーとそのレベル

	カウンセリングレベル	ソリューションレベル	提案レベル	説明レベル	通常顧客対応レベル	左記販売スタイルの主な流通	それ以外の流通
自動車（新車）						メーカー正規ディーラー、非メーカーディーラー	
自動車（中古車）						メーカー正規ディーラー、中古車専門店	
自動車関連部品						カー用品専門店、ディスカウントストア、ホームセンター	メーカー正規ディーラー
ファッション・アパレル						ブランドブティック（路面店）、百貨店、ファッションビル	駅ビル、SC、量販店、CVS他
ファッション小物・アクセサリー						ブランドブティック（路面店）、百貨店、宝飾専門店	駅ビル、SC、量販店、CVS他
時計						ブランドブティック（路面店）、百貨店、宝飾専門店	駅ビル、SC、量販店、家電量販店他
健康食品						ドラッグストア、CVS、量販店、薬局	通販、訪問販売、ネットワーク販売他
コスメ・化粧品						メーカー専門店、百貨店	量販店、ドラッグストア、CVS他
家電（白物）						メーカー専門店、家電量販店	量販店、ディスカウントショップ他
通信関連機器（主に携帯電話）						キャリア専門店、非キャリア専門店、家電量販店	量販店、ディーラー、自動車修理店他
パソコン関連機器						メーカー専門店、家電量販店	量販店、通販他
AV機器・OA機器						メーカー専門店、家電量販店、インテリアショップ	量販店、雑貨店、ディスカウントショップ他
カメラ・デジタルカメラ						メーカー専門店、家電量販店	量販店、ディスカウントショップ他
玩具						玩具専門店、百貨店、量販店、雑貨専門店	ディスカウントショップ、ファミレス他
スポーツ関連						スポーツ量販店、量販店、百貨店、ディスカウントショップ	ブランド路面店、スポーツ専門店
住宅関連						ディベロッパー、モデルルーム、住宅展示場	
ペット関連						ペット専門店、量販店、ホームセンター、ディスカウントショップ	獣医、ペット美容院他
金融						銀行、証券、保険代理店	インターネット、郵便局

■　コンサル市場規模積算の対象業種

抽出された業種・業態について、先に述べたコンサルティング販売の定義に沿って、説明レベル以上の販売方法が行われる業種・商品カテゴリーの市場規模（メーカー出荷額ベース）を積算してコンサルティング販売の市場とする（図5-15）。同じ商品やサービスであっても、販売されるチャネルによってセルフ販売がなされる場合、コンサル販売がなされる場合があるが、ここ

図5-16　コンサルティング販売の市場規模

業種	生産額／販売額(億円)	推算方法
自動車、二輪車(新車)	126,953	2004年自動車小売販売額＋2004年自動車部品販売額＋2004年二輪自動車販売額
自動車(中古車)	33,409	2004年中古自動車小売販売額
ファッションアパレル	64,450	2004年衣料販売額
ファッション小物・アクセサリー	12,677	2005年宝飾品販売額
時計・眼鏡・光学機械	10,120	2004年時計販売額＋2004年眼鏡販売額＋2004年光学機械販売額
健康食品	6,299	2005年度特定保健用食品販売額
コスメ・化粧品	15,128	2004年化粧品販売額
家電(白物)	4,036	2006年電気冷蔵庫生産額＋2006年電気洗濯機生産額
通信関連機器	16,466	2005年携帯電話端末販売額
パソコン関連機器	16,075	2005年度パソコン国内総出荷額
AV機器・OA機器	16,551	2006年プラズマテレビ生産額＋2006年液晶テレビ生産額＋2006年DVD-VIDEO生産額＋2006年民生用ビデオカメラ生産額＋2006年デジタル複写機生産額＋2006年フルカラー複写機生産額
デジタルカメラ	7,310	2006年デジタルカメラ生産額
住宅関連	486,439	2005年住宅リフォーム市場＋2004年家具・什器・機械器具小売業販売額＋2005年新設住宅販売額＋2005年マンション販売額＋2005年中古住宅販売額
金融	保留	2007年3月時全国銀行貸出金 412兆2,536億円／2006年度クレジットカード取扱高　32兆7,346億円／2006年度株式証券売買代金 644兆3,088億円／2005年度生命保険料収入 29兆2,448億／2005年度損害保険正味収入保険料 7兆4,854億円／2005年3月時度貸金業者消費者向貸付残高 19兆8,574億円
コンサルティング販売合計	815,914	

では大まかな傾向をつかむことを目的にこうした方法を採用している。

　推算によれば、コンサルティング販売における市場規模は、金融を除いても約82兆円となる（図5-16）。これは非常に大きな数字であるが、もともと、コンサルティング販売される商品・サービスの特性として比較的高額な商品やサービスが多いことに加え、セルフ販売市場の変質もその一因と考えることができよう。

　今後も、セルフ販売の現場における「通常顧客対応レベル」から「説明レベル」、「提案レベル」への移り変わりは持続すると考えられ、コンサルティング販売の重要性はますます高まっていくものと思われる。

Chapter 5

3 コンサルティング販売のシークエンス

コンサルティング販売のシークエンス

　ここまで、コンサルティング販売とセルフ販売の違い、コンサルティング販売の定義などを通じてその広がりをみてきたが、ここでは、大手自動車販売店（ディーラー）、銀行（地方銀行）、大手家電量販店などにおける販売スタッフヒアリング、店舗現状調査などを通じてコンサルティング販売の流れとポイントを整理してみたい（図5-17）。

図5-17　コンサルティング販売に関する調査の枠組み

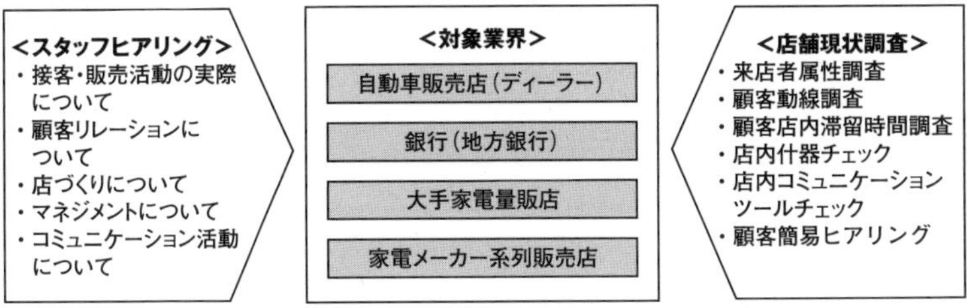

```
<スタッフヒアリング>             <対象業界>              <店舗現状調査>
・接客・販売活動の実際                                  ・来店者属性調査
  について                   自動車販売店（ディーラー）    ・顧客動線調査
・顧客リレーションに                                    ・顧客店内滞留時間調査
  ついて                     銀行（地方銀行）            ・店内什器チェック
・店づくりについて                                      ・店内コミュニケーション
・マネジメントについて          大手家電量販店              ツールチェック
・コミュニケーション活動                                ・顧客簡易ヒアリング
  について                   家電メーカー系列販売店
```

　各業界におけるコンサルティング販売の現状は、前述した消費者行動のプロセスに沿って整理が可能で、さらに新たな知見としていくつかの共通するポイントが発見された。これらは、今後重視されてくるであろうコンサルティング販売の高度化のポイントとしても注目される（図5-18）。
　以下、消費者行動のプロセスをベースにしたコンサルティング販売のシークエンスに沿って、それぞれのポイントを整理してみたい。なお、シークエ

141

ンスとは、映画でいえばシーンの集合にあたり、シークエンスのつながりがひとつの本篇となる。ここでは、顧客とスタッフの細かなやりとり（シーン）の集合をシークエンスととらえ、それぞれのシークエンスをコンサルティング販売の考え方からステップ化している。

図5-18 コンサルティング販売の高度化のポイント

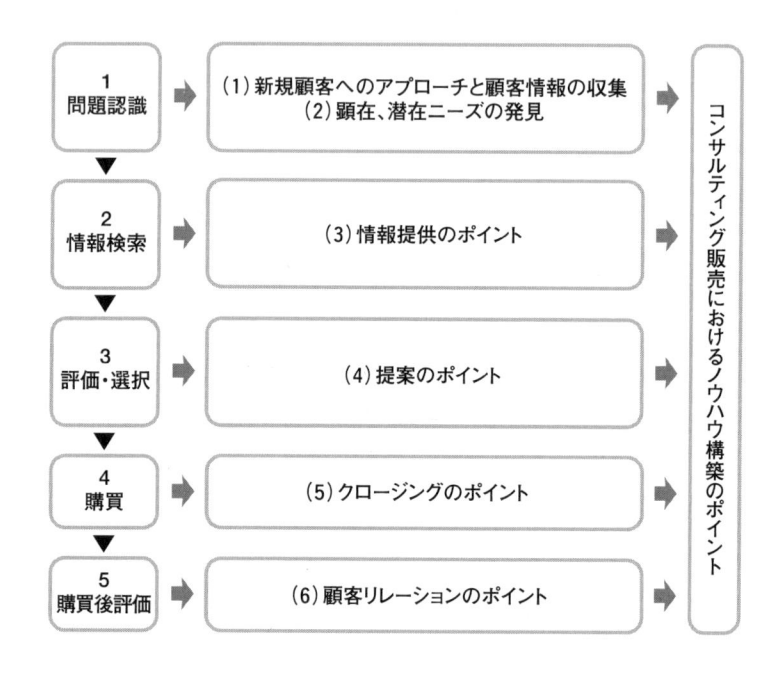

1 問題認識	→	(1) 新規顧客へのアプローチと顧客情報の収集 (2) 顕在、潜在ニーズの発見	→	コ
↓				ン
2 情報検索	→	(3) 情報提供のポイント	→	サルティング販売におけるノウハウ構築のポイント
↓				
3 評価・選択	→	(4) 提案のポイント	→	
↓				
4 購買	→	(5) クロージングのポイント	→	
↓				
5 購買後評価	→	(6) 顧客リレーションのポイント	→	

● 新規顧客へのアプローチと顧客情報の収集

　新規顧客へのアプローチは、店舗型の場合、集客や来店促進から始まる。顧客からの紹介でない限り、集客には広告やイベントの力も重要な要素となる。来店した新規顧客に対しては、まずは通常接客応対レベルの対応から、顧客情報収集に入る。顧客情報の収集については、自動車ディーラーやマン

ション販売のモデルルームなどでもよく見受けられるが、アンケート形式で行う場合と、営業スタッフが顧客との対話から徐々にニーズを聞き出していく方法が主流となる。また、間接的に顧客情報を得る方法として、来店形態（だれと来ているか、どのような車に乗って来たのかなど）の確認も重要なポイントとなる。

　また、店舗を介さず、訪問形式でコンサルティング販売を行うケースが多い地銀や家電ショップの場合、家を見ること、家のなかに入ることによって、間接的に多くの顧客情報が入手できるといわれる。

　直接的な顧客情報の入手が難しくなる昨今、いかに間接的情報を集め、提案に生かしていくかが重要なポイントになってきているが、訪問メインで店舗の位置付けや重要性が明確になっていない業界においては、旧来の人間関係による情報収集がなされるなど、新規顧客の情報収集に注力できていないケースも多い。

　顧客情報の収集にあたっては、顧客の心理的プレッシャーをいかに軽減するか、いかに信頼を築いていくかがポイントであり、より深い顧客情報を得ることが、商談の成功率を高め、満足度の高いコンサルティング販売を提供するカギとなる（図5-19）。

図5-19　顧客情報の収集における3つのカギ

来店促進・集客が
店舗での
コンサルティング販売のカギ

間接情報からの
潜在ニーズ抽出がカギ

顧客との販売スタッフの
リレーション強化が
より深い情報収集のカギ

●顕在・潜在ニーズの発見

　金融、住宅、マンション、車、家電、AV機器――どれを取っても、高額商品であり、商品自体複雑なモノが多い。また、顧客に「何をお求めでしょうか？」とダイレクトに聞いても、明快な答えが得られることはほとんどないであろう。漠然としたニーズは持っていても、具体的に何を選んだらよいのか、最善の選択肢は何なのかについて、多くの場合悩みを抱えているのである。

　こうした悩みや迷いのレベルは、同じ商品であっても顧客それぞれで大きく異なり、顧客タイプ（性格、課題など）の見極めと、顧客タイプに合わせた接客トーク技術もニーズ発見のための重要なポイントとなる（図5-20）。

図5-20　コンサルティング販売のアプローチ

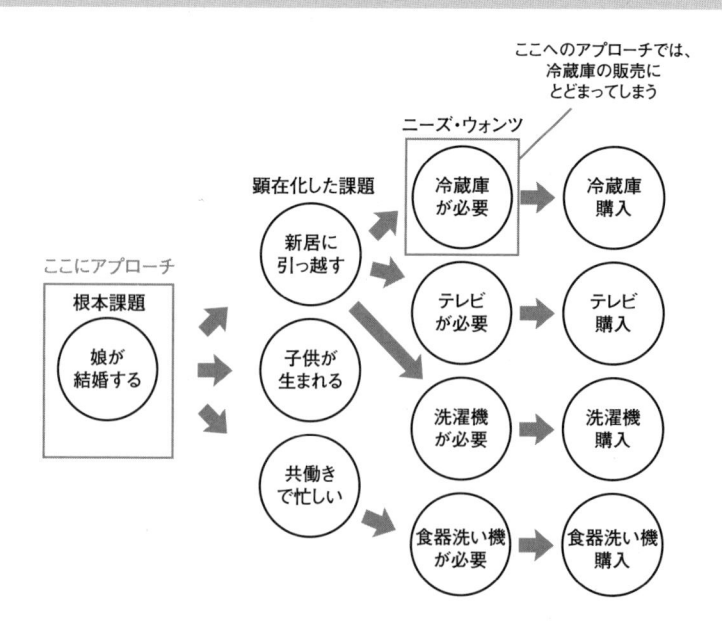

　コンサルティング販売においては、顕在ニーズに対応しそうな商品をいきなり説明・提案するのではなく、なぜ、その商品・サービスがほしいと思っ

たのか、何に使いたいのか、どのように役立てたいのかなどを聞き出し、顧客の潜在ニーズから明らかにしていくことが、リピーター化、生涯顧客化に向けて非常に重要になる（図5-21）。特に金融商品に関しては、自分のニーズすら明確になっていない顧客も多い。ある程度の金融知識を顧客に持ってもらう必要もあり、顧客の知識レベルを測ることも重要なポイントになる。

図5-21　潜在ニーズの発見における3つのカギ

ニーズ発見のため、根本課題へのアプローチ

生涯顧客化、リピーター化に向けたニーズ抽出

顧客タイプに合わせた接客トーク展開

● 情報提供のポイント

　顧客の情報収集、潜在ニーズへのアプローチを行いながら、同時に売りたい商品に関する情報提供を行う必要がある。これは、自動車販売店や家電量販店あるいは地銀においても同様であるが、コンサルティング販売を行う店舗でも、セルフ販売の店舗同様すべての商品を展示することは不可能であり、目に見えない売り物も多い。

　そこで、情報提供のポイントとなるのがバーチャル商品の活用である。これは、販売サイドからは営業ツールとしてとらえられるケースも多く、具体的にはポスター、パンフレット、情報ボードなどを指す。販売スタッフもしくは店舗を活用したバーチャル商品による情報提供が重要になり、商品情報が掲載されたパンフレットなどを顧客に価値あるものとして持ち帰ってもらうか、あるいは記憶してもらえるかがポイントになる。

　さらに、テレビCM、新聞、雑誌、折込チラシを利用したコミュニケーシ

ョン活動と店舗での情報提供の連動も重要である。マスコミュニケーションで刷り込まれたイメージや商品情報が、店舗もしくは、販売スタッフを通じて再現され、顧客リマインドを促すことも大きなポイントといえる。

　販売スタッフによる日常の営業活動においては、クイックレスポンスでの情報提供が基本となるが、既存顧客に対する情報提供のポイントはそれぞれの業界ごとに異なり、自動車販売店では車検時期や点検時期、地銀では定期預金などの満期日などがそれにあたる。これらは大きなセールスチャンスであり、顧客管理の焦点ともなっている（図5-22）。

図5-22　情報提供における3つのカギ

- バーチャル商品（情報商品）の最大活用
- マスコミュニケーションと店頭・販売スタッフコミュニケーションの連動
- 顧客管理と連動した情報提供

●提案のポイント

　顧客の情報収集、顧客に対する情報提供のプロセスを経て、商品・サービスの提案にいたるが、顧客の心理状況にはいくつかのキーポイント（購入意向が高まるポイント）がある。自動車販売においては、乗り換えの場合の既存車の査定時や試乗時がそれにあたる。あるいは、査定に応じたとき、試乗車に乗ったときが最高のセールスアプローチのポイントともいえるだろう。また、マンション販売においては、モデルルーム見学時が最大のセールスアプローチポイントとなる。アパレルでも、「試着は販売につながる」といわれるように、商品やサービスを体感させることによって、商品の魅力が最大

限伝わり、購入の可能性も高まるのである。

　店舗におけるコンサルティング販売は、総来店者数からの購入者歩留まりをどれだけ高められるかがビジネスの肝となるが、業界それぞれにおいて最大の提案ポイントを有している。

　提案の場所としては、訪問活動を積極的に行っている自動車販売においても、また地方銀行においても店舗が最も効率的、効果的であると考えられていた。店舗では提案の幅も広がり、商品やサービスを体感してもらうこともできる。顧客に積極的な来店を促す傾向も、このようなメリットが背景にあると考えられよう。

　状況に応じて、プッシュセールスを行う場合もあるかもしれないが、今回ヒアリングを実施したいずれの業界でも、無理な提案は行っていなかった。あくまでも、顧客に対するおすすめであり、ご提案であり、プッシュセールスは、後述するように、顧客リレーションがよい状態にある場合に限られるようだ。いわば「プッシュにおけるプル型販売」というイメージであり、提案の精度を上げること、提案で顧客を感動させることが最大のポイントとなっている（図5-23）。

図5-23　提案における3つのカギ

- 顧客のエモーショナル変化に合わせた提案
- 店頭（お店）が最も効率的・効果的な提案場所
- プッシュにおけるプル型が提案活動の肝

●クロージングのポイント

　ひと通りの提案を終えクロージングに入ることになるが、そのタイミングは顧客の検討時間との兼ね合いになる。車販売の場合には、提案がうまくいけば、1週間以内に決まることが多いという。逆に、顧客の検討時間が経過すればするほど、販売や契約にいたる確率が下がってくるというのは、どの業界でも共通であった。ある自動車ディーラーの営業マンは、「商談のさまざまなタイミングでクロージングトークを入れている。早い段階で契約の成否を見込むことが優秀な営業マンの条件のひとつ」としている。

　クロージングの際には、支払い総額、支払い方法、与信などで顧客との間でトラブルが発生するケースもあり、提案からの早めのフォロー活動も重要になる。また、顧客情報収集の段階、提案の早い段階で、本当に購入の意思があるのかどうかを見極めることが、コンサルティング販売の営業効率を上げるために非常に重要となる。

　また、顧客が最終的に購入を決定するポイントとして、「金額」以外にも「納期」も大きな要素となる。自動車販売における「納車」、家電量販における「お届け日・設置日」などもクロージングの際の大きなポイントであり、顧客の決定を促すためにも「割引」や「即日配達・設置」などが有効に機能する。

　店長をうまく活用した「特別に、店長から割引の承諾を得てきました」などの接客トークも、顧客の検討時間を短くするためのものといえる（図5-24）。

図5-24　クロージングにおける3つのカギ

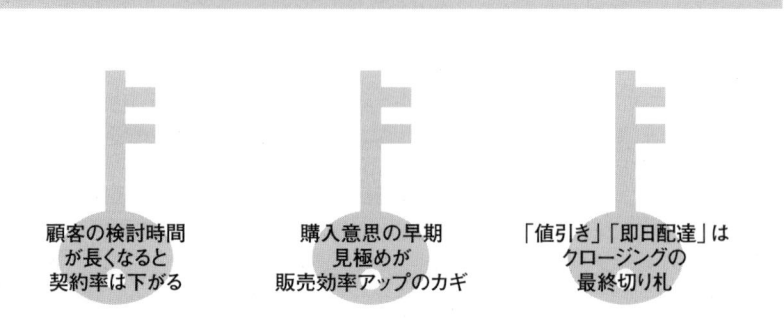

顧客の検討時間が長くなると契約率は下がる

購入意思の早期見極めが販売効率アップのカギ

「値引き」「即日配達」はクロージングの最終切り札

●顧客リレーションのポイント

　新規顧客に対するコンサルティング販売のアプローチとは別に、より効率の高いコンサルティング販売を実践していくには、顧客との良好な関係性の構築や維持のためのコミュニケーションが非常に重要である。高価格で、耐久年数の長い商品になるほど、買い替えサイクルは長く、一度購入してくれた顧客が再度購入するまでにはかなりの時間経過が必要となる。しかし、購入後も顧客との関係性を良好に保つことによって、アフターマーケットにおける売り上げの拡大、あるいは、その顧客からの「紹介」というかたちで売り上げを拡大していくことが可能となる。

　「親子二代にわたってお客様となっていただいている方も多いです。娘さんの初めての車は、このお店で絶対購入すると決めて来店くださるお客様もいました」（自動車ディーラー）や、「一度プランを作成しただけでは不十分で、顧客との関係性を深めるためには、プランのメンテナンス作業が不可欠になる」（地方銀行）といった声にも表れているように、顧客との間で常なるコミュニケーションが必要になる。

　たとえば、「お客様の車が故障した際に現場まで駆けつける」、「購入いただいた商品の修理でいらしたお客様に対して、基本的に買い替えの提案はしない」など、顧客への意識や配慮によってリレーション、信頼関係が深まっていくのである。

　顧客とのリレーションを強化し、ファンをつくっていくことが、その後の紹介なども含め店舗の力を高めることにつながる。しかし、こうしたファンづくりを仕組みとして展開しているところは少なく、各販売スタッフ個々人の裁量に任されているのが現状のようだ。また、顧客との信頼関係は販売活動を介さないところで形成されやすいという傾向がみられることにも留意しておきたい。

　コンサルティング販売においても、生涯顧客価値という視点を持つことが非常に重要である。顧客との良好な関係性の構築と、顧客からの信頼獲得、さらには、ロイヤルティーを獲得することで、顧客自身が第三の営業マンとなって新しい顧客を紹介してくれる効果が期待される（図5-25）。

図5-25　顧客リレーションにおける6つのカギ

- ダブルターゲットでの顧客リレーション活動
- 販売と切り分けた顧客フォロー意識
- 顧客リレーション強化は第三の外部営業マンづくり
- お店と顧客のリレーション強化
- 顧客づくりのためのイベント展開
- 販売スタッフの「自分のお客様＝お店のお客様」という意識の強化

　店舗においてコンサルティング販売を行っている場合には、営業スタッフ各人が行う顧客リレーションに加え、店舗としての顧客リレーションも重要である。

　顧客リレーションの例として、顧客情報に基づいた情報提供（ダイレクトメール、ダイレクトEメールなど）、イベント展開（新作・新商品発表会、上顧客向けパーティーなど）、各種ポイントプログラム、歳時記イベントやセールなどが挙げられる。これらは、プロモーションや顧客囲い込みの戦略・戦術の取り組みとして重視される場合が多いが、一方では、営業スタッフと店舗が共同して行うリレーション強化の機会ととらえることもできよう。

　こうした取り組みを実売につなげることはもちろん重要であるが、来店や営業スタッフとのリレーションを促進し、実売にいたらない場合でも、顧客にさまざまな情報を持ち帰ってもらう、さらに顧客情報の収集を行うなど、次なる顧客づくり、新たな顧客開拓という視点も重要であろう。

　販売スタッフ各人による「自分のお客様意識」が強すぎると、来店いただ

いた顧客に満足感を与えることが難しくなるかもしれない。、販売スタッフ全員に「自分のお客様＝店舗のお客様」という意識が不可欠となろう。

4 コンサルティング販売における
ノウハウ構築のポイント

コンサルティング販売に活用されうる4つの力

　前項まで、主に個々人の販売テクニックを中心にコンサルティング販売の現状をみてきた。現在のコンサルティング販売は個々人の力で成り立っている部分が多いものの、この領域におけるノウハウの形成は、ナレッジ・マネジメントの推進などによってさらに高度化するものと考えられる。

　また、店舗調査・ヒアリングを行った結果を考慮すると、個々人が有するノウハウの集約以外にも新たなノウハウ構築の方向性が導き出される。それらを整理すると、「個々人のノウハウ」以外では、「店舗の力を上げ活用」、「マネジメントの高度化による販売促進」、「売り場とコミュニケーション活動の連動」の3つにまとめることができるだろう。

　ある地方銀行でのトライアルを参考にしてみると、いわゆるビフォア&アフター、トライアル前後の店舗のバリューアップ状況、また、一連の改革の結果として、顧客の視線を考慮し、情報を絞り込んだポスターの掲出（図5-26）や、新規カード顧客の獲得実績の向上（図5-27）が観測されていることから、コンサルティング販売を高度化することの効果が十分に期待できることが理解されよう。

　以下では、「店舗」「マネジメント」「コミュニケーション」という3つのポイントについて、それぞれの活用テクニックとノウハウにつながる仮説の立て方を、実際の店舗調査をベースに考えていく（図5-28）。ただし、これはあくまでも仮説であり、より具体的なノウハウ構築のためには、実証実験と効果検証のステップが必要になる。

図5-26　ポスター視認率の向上と重点商品（サービスカード）の店頭獲得実績

トライアル前　　　　　　　　　　トライアル後

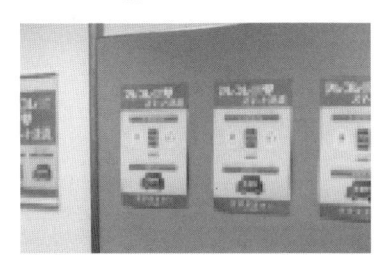

図5-27　重点商品（サービスカード）の店頭獲得実績

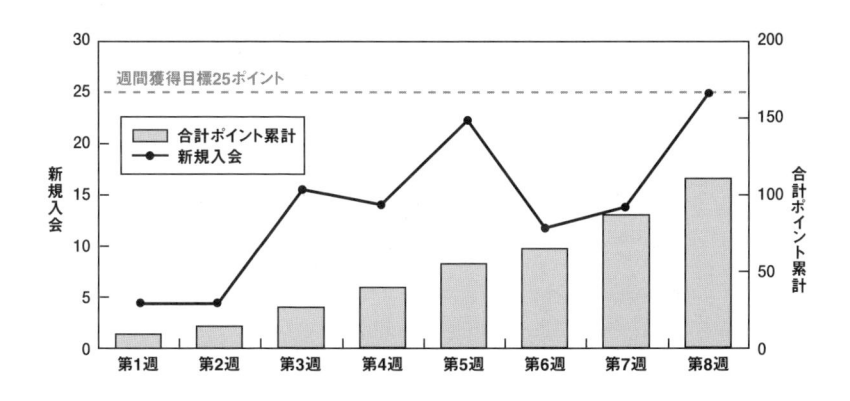

店舗現状調査にみる課題

　コンサルティング販売における店舗は、業種によっても大きく異なるが、多くの場合営業所的な意識が強いように思われる。これまで営業（コンサルティング販売）は訪問が中心であったために、店舗という意識より、営業スタッフの事務所という意識形成がなされたものと思われる。しかし、自動車販売店や銀行でも、訪問スタイルの営業から店舗集客型営業への移行がみられる。その理由として、社会環境の変化や消費者の意識の変化にともない、お客様自身が訪問を敬遠する傾向が強くなってきたこと、また、店舗による

図5-28 コンサルティング販売のノウハウ体系（仮説）

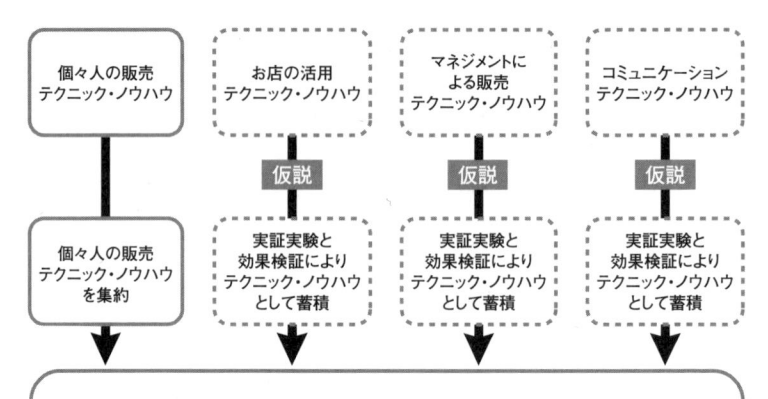

```
個々人の販売        お店の活用        マネジメントに      コミュニケーション
テクニック・ノウハウ  テクニック・ノウハウ  よる販売          テクニック・ノウハウ
                                  テクニック・ノウハウ
        │             │仮説         │仮説         │仮説
        ▼             ▼             ▼             ▼
個々人の販売        実証実験と        実証実験と        実証実験と
テクニック・ノウハウ  効果検証により    効果検証により    効果検証により
を集約             テクニック・ノウハウ テクニック・ノウハウ テクニック・ノウハウ
                  として蓄積         として蓄積         として蓄積
```

コンサルティング販売のノウハウ体系（仮説）

- 新規に来店されたお客様への対応の高度化
- お客様の目的に応じた最適アプローチ、最適情報接触のあり方の検証
- 店舗「売り物」の明確化とVMD－オペレーション連動によるコンサルティング販売の高度化
- 複数接客によるコンサルティング販売の高度化
- フロアマネジメント推進によるコンサルティング販売の効率化
- 来店顧客属性に合わせた店舗づくりとオペレーションによるCS（顧客満足）向上とセールスチャンスの拡大
- 情報の商品化と店内コミュニケーションの最適化によるプル販売の効率化

販売のほうが効率的になってきたことが挙げられよう。

多くの自動車販売店において営業所イメージが刷新され、ようやく「店舗」としてみられるようにはなってきたものの、銀行の店舗同様に、外観やハードウエア上での変化にとどまり、「真の店舗」への変化は途上段階にあるといえる。今回、店舗スタッフヒアリングと同時に実施した店舗調査（自動車販売店と銀行が対象）からは、次のような課題が挙げられた（図5-29）。

これらの課題は、セルフ販売を行う店舗ではまず考えられないもので、逆算すれば、いわばセルフ販売において構築されてきたノウハウそのものといえる。たとえば、コンサルティング販売を行う店舗で、すべての商品がコンサルティング販売によって販売されなければならない商品ではないという点、あるいは、来店した消費者に気持ちよく店内で過ごしていただくことなどを考えた場合、セルフ販売のノウハウは大いに活用すべきものだと思われる。また、そうしたノウハウの活用や応用において、コンサルティング販売そのものが高度化する可能性もある。

図5-29　店舗調査による課題の発見

来店顧客属性に合った店づくりになっていない
(例) 来店顧客の90％以上がひとりでの来店なのに、待合のイスは3人がけのイス

お店のレイアウトや動線で大きな課題が存在する
(例) 来店客にほとんど利用されていないエリアが存在

MD、ISM、特にVMDという概念がない
(例) 重点販売商品やエリア特性に合った商品を把握していない。言葉自体も知らない

広告・プロモーション活動と店頭の連動がない
(例) チラシに掲載されている車が展示されていない。サービスの案内がない

店長のフロアマネジメントが十分なされていない
(例) 接客未対応のお客様の存在。店長が店頭を見ていない

店舗運営に関するマニュアル類が整備されていない
(例) 賞味期限切れのパンフレットが展示されている。晴れの日にも傘立てが出ている

販売スタッフ自身のお店への関心が低い
(例) 店頭に何が展示してあるのか分からない。店内のレイアウトが分からない

店舗の活用テクニックとノウハウにつながる仮説

　先に述べた店舗現状調査から抽出された課題のうち、店舗の活用に関するものは主に下記の3点となる（図5-30）。

　これらは、コンサルティング販売の高度化という話以前に、店舗として解決しなくてはならない基本要素でもある。来店顧客属性にマッチしていない店舗づくりは、ブランドの重要な接点である店舗において、消費者に十分なブランド訴求や顧客満足の提供ができていないことが想定され、また、デッドスペースやデッドポイント（活用されていない店舗内スペースや什器、家具テーブル）の存在は、店舗坪効率・棚効率の低下につながりチャンスロスを招く。さらに、ISM、VMD概念の欠如は、店舗販売スタッフの「売り物」に対する意識向上につながらないばかりか、コンサルティング販売の効率にも大きなチャンスロスとなると想定される。

図5-30　店舗の活用に関する課題

　　　　来店顧客属性に合った店づくりになっていない
（例）来店顧客の90％以上がひとりでの来店なのに、待合のイスは3人がけのイス

　　　　お店のレイアウトや動線で大きな課題が存在する
（例）来店客にほとんど利用されていないエリアが存在

　　　　MD、ISM、特にVMDという概念がない
（例）重点販売商品やエリア特性に合った商品を把握していない。言葉自体も知らない

　ここで、セルフ販売におけるノウハウを活用していくことによって、多くの課題解決へのアイデアが抽出される。また、ここでご紹介するアイデアは

ばく大な費用がかかるものではなく、既存店舗に関する若干の修正――場所の変更、工夫、オペレーションなどによって多くの課題が解決されると思われる。

ごく一般的な「現状認識～仮説抽出～プランニング～実施～効果検証」のサイクルを回すことによって店舗の活用テクニック・ノウハウが得られ、また、店舗を変化させることで、店舗ビジネスにおいて最も重要といわれる鮮度維持の効果も期待される。

次に、「現状認識～仮説抽出」の一例を示す。

●事例――来店顧客属性に合わせた店舗づくり

ある銀行の来店客を調査したところ、年代的には広く偏りない来店属性となっていたが、男女の比率では70％が女性客だった。また、ひとりでの来店が93％を占め、商用での来店も多かった（図5-31）。

個別店舗の来店客属性に合った店舗づくりを行うことによって、ホスピタリティーの向上やCS（顧客満足）の向上のほか、効率的な店舗運営への効果も期待される。ここでは、ひとりで来店する女性客にも、安心で、リラックスしてもらえる店舗づくりを心がけたい。また、子ども連れでの来店が少ないことから、キッズコーナーを見直すなどの改善ポイントも存在する。

図5-30　地方銀行における来店客調査による顧客属性

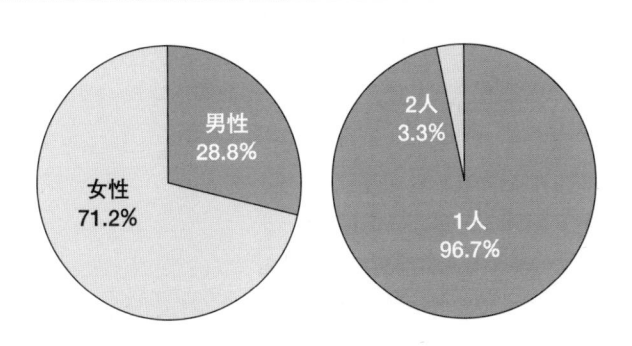

男性 28.8%
女性 71.2%

2人 3.3%
1人 96.7%

仮説抽出の例

・ひとりでの来店するお客様に対しては、3人掛けのソファではなく、セパレート可能なひとり掛けのイスに変更したほうが快適に過ごしていただけるのではないか？　また、立って順番待ちをされるお客様も減らすことができるのではないか？

ひとりで来店するお客様が多いのに、なぜ3人掛け、4人掛けのイスばかりなのか？

・女性客が多いという顧客属性に応じて、店内のカラーを暖色系に変更したり、グリーンの活用やBGMの工夫、香りの演出などができないだろうか？あまり極端に変更しなければ、男性客にも受け入れられ、ホスピタリティーの向上につながるのではないだろうか？

グリーンの活用などのトライアル

・座って順番を待つお客様に対して、座った状態の視線の先に伝えたい情報や商品を展示できないだろうか？ 現状読まれていない、見られていないポスターを移動すれば、情報の認知率が向上するのではないか？

イスに座った状態でポスターが読めるだろうか？

・子ども連れのお客様が少ないのであれば、現状のキッズコーナーを縮小してもよいのではないか？ また、0～3歳の幼児が少ないのであれば、キッズコーナーにある玩具や遊具も3～5歳用に変更したほうが喜ばれるのではないか？

・商用での利用客が多い状況から、ビジネスマン、経営者向けの情報コーナーを両替機付近に設置し、短時間で情報提供ができれば効果的ではないか？ また、情報コーナーを利用しているお客様に対して積極的な声掛けができれば、コンサルティング販売のチャンスにつながるのではないか？

●事例──店内デッドスペースやデッドポイントの解消

　ある自動車販売店調査で、来店客の店舗での過ごし方を観察したところ、利用状況の非常に低い什器、テーブルなどが存在し、デッドスペースとなっているエリアが存在した。小型店舗の場合、デッドスペースはそれほど目立たないが、カウンター付近の什器、その他展示物など利用率の低いスペースが存在し、デッドポイントとなっていた。

　これは、一般の小売店でいう店舗坪効率、棚効率という観点からみれば効率の低い状況であり、改善が必要と思われる。せっかくの展示や、店舗のエリアもお客様に利用されなければ無駄なものとなるので、デッドスペースやデッドポイントの最小化の工夫が必要となる。

　デッドスペースやデッドポイントの減少は、来店客の動線延長、つまり店内滞留時間の延長や商品や情報接触の拡大につながり、セルフ販売の店舗においては売り上げの増大に直結するものといわれる。コンサルティング販売を行う店舗についても、直接的ではないものの同じ効果が期待される。

仮説抽出の例

・新車の展示スペースで、新車購入客の動線上に設置している修理、点検などのサービスメニューボードは、サービス待合のスペースに移動すれば注目率、利用率が高まるのではないか？　また、このボードを見ているお客様には声掛けが有効ではないか？

・店舗奥のエリアを商談テーブルとするのではなく、お客様の興味や関心を引くような商品・サービス展示を行うスペースとすることで、デッドスペースを最小化するとともに、お客様の店内での動線を誘導し、店内滞留時間を延長させることができるのではないか？　また、店内滞留時間が延長すれば、販売スタッフとの接触機会の拡大が狙えるのではないか？

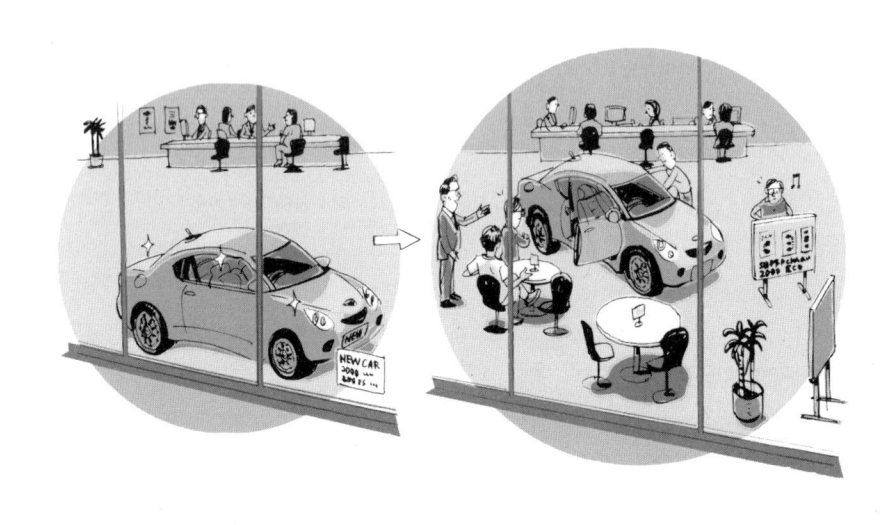

・受付前にあるサービス・用品の陳列棚では、スタッフの視線が気になり、落ち着いて商品を見ることができない。受付付近では用品コーナーの展示場所を案内するにとどめ、什器自体は落ち着いて見ることのできるサービス待合ゾーンに移動したほうがよいのではないか？　コンサルティング販売の店舗においても、セルフ販売で売り上げが獲得できるのではないか？

・もっとも売りたい商品やサービスの展示は、整備・修理・点検目的のお客様、新車購入目的のお客様の両方の動線が重なる位置に移動し、店内における情報接触を最大化することができないか？

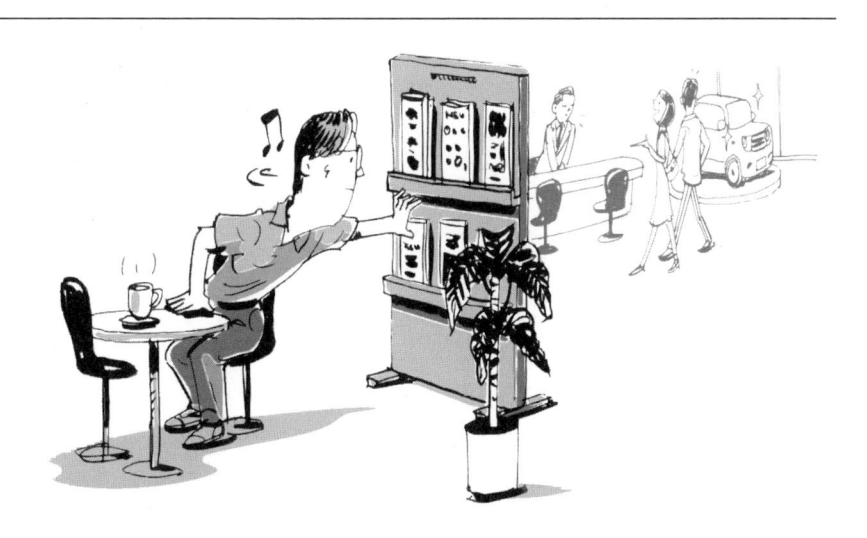

●事例——ISM、VMD概念の導入

　ISMは、そもそもセルフ販売店舗で構築されてきた売りのノウハウだが、コンサルティング販売を行う店舗でも十分活用が可能であると考えられる。調査を行った自動車販売店や地方銀行においては、会社や店舗のイメージ構成要素のひとつである「売りモノ（ISM）」が販売スタッフに強く認識されていない状況があった。現状では「売れるモノを売っている」や「ニーズがあったモノを売る」ということに終始しており、積極的な声掛けや提案が行われていないようであった。

　こうしたケースでは、「売りたいモノ」や「売るべきモノ」が明確になっ

仮説抽出の例

・売りたい商品サービスのカタログやパンフレットをバーチャル商品に見立て、IP（アイテムプレゼンテーション）のノウハウを活用し、多フェース陳列するなどの工夫をすれば、売りたいものが売れるようになるのではないか？　また、おすすめ商品や注力販売商品に対する販売スタッフの注目度や意識も高まるのではないか？

ていないために、店内におけるVMD展開、情報露出、オペレーションが効果的に行われていないという悪循環に陥っているとも考えられ、今後は、店舗として「売りたいモノ」や「売らなくてはいけないモノ」に対する意識を強化した上で、VMDなどの展開を考えていくことが必要だと思われる。

たとえば、コンサルティング販売の店舗におけるバーチャルな商品には、自動車販売店では車種カタログ、銀行では各種商品パンフレット、また、為替レートを表示する電光ボードなどがある。これらは、情報がお客様の記憶に残るほど、また、持ち帰ってもらえるほど、その後の販売につながるものと想定される。

・自動車の関連部品やアクセサリーを展示する什器を見ると、ばくぜんと商品が並べてあることが多い。売れ筋商品はきちんとバストラインで展示し、見やすく、また分かりやすいPOPやプライスカードに変更するなど、ちょっとした工夫で売り上げが伸びるのではないか？

マネジメントによる販売テクニックと
ノウハウにつながる仮説

　先に述べた店舗現状調査から抽出された課題のうち、マネジメントに関するものは主に3点となる（図5-32）。

　図5-32　マネジメントに関する課題

　　　　店長のフロアマネジメントが十分なされていない
　　（例）接客未対応のお客様の存在。店長が店頭を見ていない

　　　　店舗運営に関するマニュアル類が整備されていない
　　（例）賞味期限切れのパンフレットが展示されている。晴れの日にも傘立てが出ている

　　　　販売スタッフ自身のお店への関心が低い
　　（例）店頭に何が展示してあるのか分からない。店内のレイアウトが分からない

　こうした課題は、先の「店舗の活用による販売テクニックとノウハウにつながる仮説」で触れたのと同様、店舗として解決しなくてはならない基本要素である。
　自動車販売店や銀行の場合、来店客のほとんどが既存のお客様であり、有望な見込み客である。そうした環境では、店頭におけるマネジメントを高度化する必要に迫られることもほとんどなかったであろう。しかし、時代は変わり、コンサルティング販売にもセルフ販売のノウハウが不可欠になりつつある。
　また、店舗に対するスタッフの意識を向上させるには、店舗が最強の営業マンであるという認識、つまり、店舗を強化すれば販売がしやすくなるといった実感を持つことが必要になる。これまで、例として挙げてきたさまざま

な仮説を実践し、実際の効果を実感することを通じて、ハードウエアに拠らない「真の店舗」への変革が進むものと思われる。

●事例――店長によるフロアマネジメント

　限られた販売スタッフで売り上げを最大化するためには、コンサルティング販売の効率化が求められ、そこにおいて、それぞれの目的達成のためにスタッフをコントロールするフロアマネジメントの重要性が浮上してくる。その方法として、顧客あたりの接客対応時間の短縮、また、複数接客への取り組み、チーム接客などが挙げられる。しかし、業界に応じて経験則から実践されてはいるものの、体系立てたノウハウは存在しない。ここでは、調査結果をもとに望ましいマネジメントスキルを描いてみたい。

仮説抽出の例
・自動車販売店では、店長が店頭に立ち、顧客の状況や店舗の状況を常に把握していれば、未接客のお客様の数は最小限にとどめられる。これは、個別のお客様に対応することよりも、全体の状況を常に把握しながら販売スタッフに適切な指示が与えることを優先しているからである。さらに発展的に考えれば、多忙な店長の代わりに、店舗・お客様の全体状況をみることのできる司令塔的スタッフを配置することによって、繁忙時（土日曜）のチャンスロスをさらに防ぐことができるのではないか？

・銀行において、販売促進が求められる商品に住宅ローン、投資信託、外貨預金などがあるが、来店客のほとんどが、預金、振込、両替など決済関連目的（ハイカウンター目的）で、そうした商品を売り込む機会は少ないように思われる。しかし、お客様の個人情報、預金残高までが把握できる現在、ハイカウンターからローカウンターへの情報の引き渡しをスムーズに行い、タイミングよく投資信託などのおすすめができれば、コンサルティング販売の高度化、販売の活性化につながるのではないか？

●事例──店舗運営に関するルールづくり、マニュアル類の整備

　先に述べた「店長によるフロアマネジメント」にも関連するが、販売スタッフに対する接客マネジメントとともに、店舗ビジネスに必要になる多様な運営ルールやマニュアルなどの整備も重要である。

　ここでは、先に触れたVMDに関する取り組みの基本ルールや接客応対に関するルール、店舗開店時・閉店時のルールなど多くの要素が含まれるが、これらの基本ルールを策定し、そのルールを進化させながら、店舗ビジネスのコアをつくり上げていく必要がある。

　ただし、店舗運営において基本ルールづくりも大切だが、もうひとつ重要なのが、変化に柔軟に対応するイレギュラーケースでのルールづくりである。

季節変化、天候変化、時間帯別、曜日別、地域別、さらに顧客別まで考えると、基本ルール通りに実践できるのはごくわずかであり、毎日の業務はイレギュラーケースの連続となる。基本ルールを定めながらも、変化対応を想定した進化する（たとえば追記型の）店舗運営ルールづくりが求められている。

仮説抽出の例

・イレギュラーケースとなる接客応対に関して、その成功事例をまとめたガイドラインを作成し、店舗スタッフで共有することで、接客応対レベル、コンサルティング販売ノウハウの高度化が図れるのではないか？

・顧客視点での店舗づくりということを考えると、販売スタッフも顧客と同じ視点で、同じ行動を取ることが大きな気付きを提供してくれることになろう。たとえば、営業前にお客様が使うイスにスタッフが座り、店舗環境をチェックしてみる。あるいは、お客様の動線に合わせ見回りチェックをしてみるなど、細かなルールづくりをすることが大きな意識変革へとつながるのではないか？

コミュニケーションテクニックとノウハウにつながる仮説

　先に述べた店舗現状調査から抽出された課題のうち、コミュニケーションに関するものは次の通りとなる（図5-33）。

　図5-33　コミュニケーションに関する課題

> 広告・プロモーション活動と店頭の連動がない
> （例）チラシに掲載されている車が展示されていない。サービスの案内がない

　これは、セルフ販売の店舗では決してあってはならない問題で、スーパーの「卵の特売」チラシを見て来店したけれども、卵は売り切れていたという状況と同じである。自動車販売店では、「本部から展示車の供給が間に合わなかった」といった弁解を聞かされることもあるが、顧客基点で考えれば大きなチャンスロスなのである。

　たとえ商品があったとしても、チラシやテレビCMを見て、期待を高め来店されるお客様に対して、店頭での展示や露出がチラシやテレビCMとかけ離れたものであったら、相対的な満足度が低くなり、せっかくのコミュニケーションが逆効果となってしまうだろう（図5-34）。

　マス広告やプロモーションと店頭の連動は、前述したVMDへの取り組みレベルで大幅に改善されることが期待されるが、やはりセルフ販売におけるノウハウの活用が望まれる。

図5-34　広告・プロモーションと店頭のギャップ

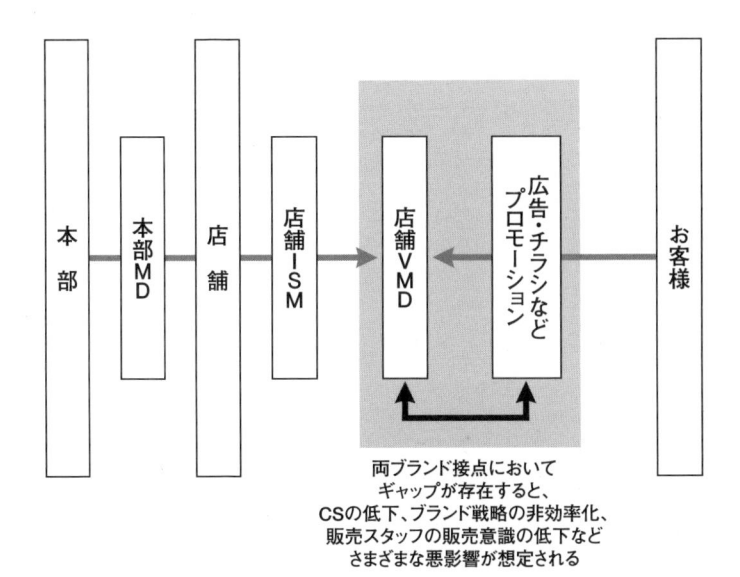

本部 → 本部MD → 店舗 → 店舗ISM → 店舗VMD ← 広告・チラシなどプロモーション ← お客様

両ブランド接点においてギャップが存在すると、CSの低下、ブランド戦略の非効率化、販売スタッフの販売意識の低下などさまざまな悪影響が想定される

●事例──広告・プロモーション活動と店頭の連動

　自動車販売店と家電量販店を考えた場合、どちらのケースでも、コミュニケーション活動には自動車メーカー、家電メーカーが行うものと、自動車販売店、家電量販店自身が独自に行うものの2つが存在することになる（図5-35）。

　しかし、両者の活動の関連性やシナジー効果を狙った展開は現状では見受けられない。これは店舗の課題というよりも、メーカーと販売店本部における課題といえるが、図5-35におけるタスキ掛けによる連動性の確保や店舗における再現性の担保は今後の大きな課題といえる。

図5-35　メーカーと販売店のコミュニケーション

	内容	媒体・エリア
メーカー ・自動車メーカー ・家電メーカー	商品広告 ブランド広告	マス媒体 全国展開
販売 ・自動車販売店 ・家電量販店	プロモーション告知	エリアセグメント媒体 地域展開

仮説抽出の例

・マス広告でのビジュアルイメージ、クリエイティブを販売店が行う広告に活用できないか？　また、店頭でマス広告を簡易に再現することができないか？

・商品広告ではなく、販売の現場、コンサルティング販売を後方支援してくれるマス広告を、メーカーの主導で展開できないか？

・メーカー主導により、マスコミと連動した、店頭で最適なVMDツールの提供ができないか？

Chapter 6

Sales Chemical Model
にみる変革のポイント

　消費者の購買行動に関してはさまざまな調査や研究が積み上げられてきたが、これまで述べてきたような消費者自身の変化とそれに対応する売り場の努力をふまえた、新たな「販売の科学」が求められているように思われる。
　そもそも購買行動は「筋書きを超えたドラマ」であり、消費者には科学的データだけではフォローしきれない微妙なココロの揺れがある。あふれるほどの情報に接しても、買いたい気持ちの裏には常に「買ってもよいのか？」という疑問がつきまとい、消費者を惑わせる。
　新たな「販売の科学」を探るにあたっては、購買を実現させ、消費者に大きな喜びと高い満足を与えるための「化学反応」に着目した。それは、消費者と売り手が共有すべき「買い物の喜び」を取り戻す方法論でもある。

1 顧客基点の新たな販売ノウハウ

Sales Chemical Model（9つの大切な「C」）

　セルフ販売とコンサルティング販売のノウハウの融合による新たなノウハウ構築は今後の店舗営業強化のひとつの方向性を示すものであり、それは2つのノウハウの「化学反応」ともいえるだろう。化学反応とは、原子間の結合の生成、あるいは切断によって異なる物質を生成する変化のことである。化学反応を起こすには結合をはずすためのエネルギーが必要であり、加熱や触媒などの方法が用いられる——そうしたアプローチは、顧客の買いたい気持ちを加熱し、不安を和らげ購入にいたらせる販売のプロセスにもなぞらえることができるだろう。

　いま、セルフ販売とコンサルティング販売それぞれのノウハウを別物として考えるのではなく、同じ店舗ビジネスとして、それぞれの領域で蓄積されてきたノウハウを融合させ、真に顧客本位の新たなノウハウとして展開することに、多くの可能性が潜んでいると思われる。

　「売り場から買い場へ」の発想の転換、顧客基点での売り場づくりが求められるようになって久しいが、本来あるべき売り場とはどのようなものなのか——そのための仮説づくりと実証実験は非常に重要であるが、めざすべき売り場のイメージをラフスケッチすることも必要だろう。

　ただし、CS（顧客満足）が向上しても売り上げにつながらないのであれば、それは単にホスピタリティーを高めただけに過ぎない。店舗における販売の妙技は、CSと提案営業力を相関させる2次曲線へと誘い、買い手と売り手の良好なリレーションを構築することにほかならない。そうした意味からも、店舗を顧客との重要な接点と位置づけ、店舗を戦略的に活用する発想——「how to（店舗でどのようにすべきか）」から「what to（店舗で何をなすべきか）」への戦略的視点が重要となっている。

Chapter 6 Sales Chemical Modelにみる変革のポイント

　図6-1は、戦略と戦術、本部と店舗、店長とスタッフ、そして、顧客と店舗、顧客と販売員、コンシューマー（消費者）とカスタマー（顧客）など、あらゆる関係性における化学反応や化学融合のモデルであり、こうしたモデルをベースに、顧客本位の「販売の化学」が構築されるものと考えられる。

図6-1　Sales Chemical Model（「9つの大切な「C」」）

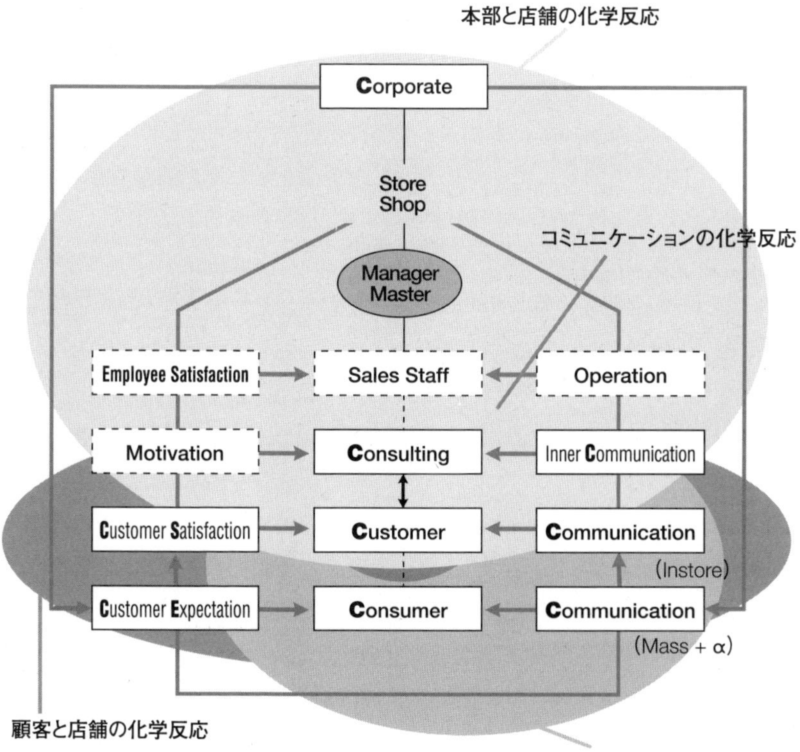

本部と店舗の化学反応

```
                    Corporate
                        │
                    Store
                    Shop
                        │
                    Manager
                    Master
```

コミュニケーションの化学反応

Employee Satisfaction	→	Sales Staff	←	Operation
Motivation	→	Consulting	←	Inner Communication
Customer Satisfaction	→	Customer	←	Communication (Instore)
Customer Expectation	→	Consumer	←	Communication (Mass + α)

顧客と店舗の化学反応

コミュニケーションの化学反応

出典：電通オリジナルチャート

「Sales Chemical Model」においては、コンシューマーとカスタマーを区別している点、あるいは、コミュニケーションをマス中心に行われるものと、店舗において行われるものに分けている点などが特徴であり、また、それぞれの要素が互いに関連性を持っていることが重要である。

コンシューマーに対しては「期待」をコントロールしながらコミュニケーションを図り、来店、購入してくれるカスタマーに対しては「満足」のコントロールを主眼にインストアコミュニケーションが図られ、あるいは、スタッフからのコンサルティングが提供される。

店舗サイドは、本部が行うマスコミュニケーションとインストアコミュニケーションを連動させながら、マネージャー管理のもと、店頭オペレーション、店舗づくり、コンサルティングセールスを推進し、これを円滑に進めるために、一方で店舗スタッフのES（従業員満足）コントロールやモチベーションコントロールを行っていく。そうした活動をそれぞれ連動させながら、好循環をつくり上げていくことがポイントになる（図6-2）。

図6-2 Sales Chemical Modelにおける化学反応

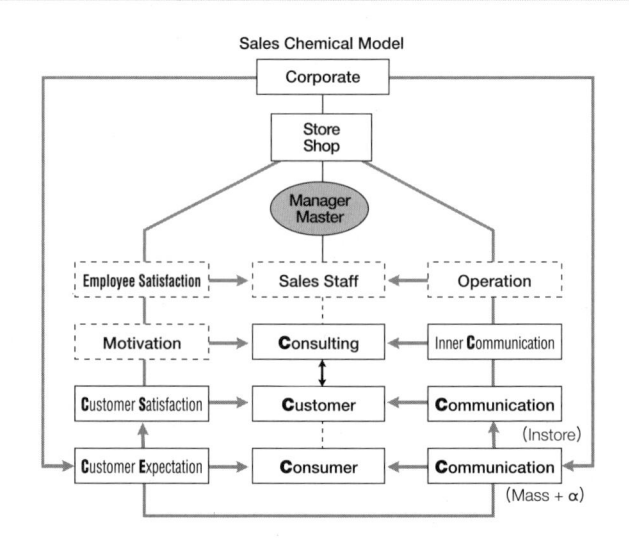

店舗ビジネスの基本

　「Sales Chemical Model」における化学反応について考える前に、店舗ビジネスの基本について整理しておきたい。「店舗ビジネスとは」という問いに対しては、投資回収のビジネスモデル、商圏ビジネス、坪効率が求められるビジネスなど、さまざまな回答が考えられるが、「客数×来店頻度×客単価＝売り上げ」がもっとも一般的な回答といえるだろう。
　この考え方は、セルフ販売の店舗であれ、コンサル販売の店舗であれ、店舗を構える形態のビジネスに共通するもので、これらの3要素（客数、来店頻度、客単価）をそれぞれ最大化していくことが売上拡大につながっていくというものである。
　理想的には、これら3つの要素すべてを向上させていくための戦略や施策が望まれるが、多くの場合主な目的は絞り込まれ、「来店客数増加のためのプロモーション戦略」などとして策定され、戦術が展開されることになる。
　ひと口に客数、来店頻度、客単価の増加といっても、その取り組みは多岐にわたる。店舗づくり、ISM（インストアマーチャンダイジング）、VMD（ビジュアルマーチャンダイジング）、接客応対、FSP（フリークエントショッパーズプログラム）などの顧客プログラム、コミュニケーション、プロモーションなど、例を挙げればきりがない。逆にいえば、店舗ビジネスにおけるあらゆる取り組みが、「客数アップ×来店頻度アップ×客単価アップ＝売上アップ」を目的に行われているともいえる。
　しかしながら、流通の現場（特にセルフ販売の売り場）においては、競合環境の激化などにより、これまでの戦略や戦術が機能しにくくなっている現状がうかがわれる。先にも述べたように、そうした現状は、セルフ販売がこれまで蓄積してきたノウハウの限界を表しているともいえよう。
　現状では、「こういったプロモーションをすれば来店客数が伸びる」、「こういうレイアウト・商品陳列をすれば客単価が上がる」という法則も揺らいでいる。セルフ販売におけるコンサルティング販売ノウハウの活用、あるいはコンサルティング販売におけるセルフ販売ノウハウの活用は、新たな「客

数アップ×来店頻度アップ×客単価アップ＝売上アップ」に向けた取り組みの一端といえる。

2 セルフ販売と コンサルティング販売の化学反応

セルフ販売×コンサルティング販売

　セルフ販売において、コンサルティング要素を取り入れた形態はいまや珍しいケースとはいえないが、コンサルティング販売においてセルフ販売のノウハウや知見を活用しているケースは、まだそれほど多くはみられない。その理由として、コンサルティング販売を行う側に「コンサルティング販売はセルフ販売より高度な販売方法であり、セルフ販売のノウハウの活用には意義はない」といった固定観念があることが挙げられよう。

　たしかに、コンサルティング販売においては、深い顧客情報をもとに高度な接客が行われているケースも多いが、訪問型セールスやプッシュ型セールスが消費者に敬遠される昨今、店舗への来店を促し、店舗における販売効率を追求していかざるをえない状況もあり、店舗づくりのノウハウが不要であるとはいい切れなくなってきている。

　一方、コンサルティング販売を行う店舗においても、店舗力を高め、それを活用しながらコンサルティング販売を高度化していくことが望まれるのである。

ISM概念とコンサルティング販売

　セルフ販売の店舗であろうが、コンサルティング販売の店舗であろうが、店舗を構える以上は同じ商圏ビジネスとして位置付けられ、商圏特性に合わせたISMの概念は必要不可欠といえる。しかし、コンサルティング販売を行う店舗では、意外とそうした意識が根付いていない。顧客との深いコミュニケーションにより、顧客のニーズに合わせた商品を提案、販売するという原

則はあるにしても、広いISMのなかで、営業マンや販売員自身の実績に関わる商品に意識が集中し、店舗としての「売りモノ、品揃え」に対する理解は低いようである。

　ヒアリングからも、コンサルティング販売の代表格ともいえる自動車ディーラーの営業スタッフの間では、新車販売やバリューチェーン商品に意識が集中し、店内に展示・陳列してあるそのほかのサービス商品やカー用品が店舗のISMであるとの認識は低い傾向にあることが分かった。

　すべての自動車ディーラーというわけではないが、車以外のさまざまな商品が魅力的に陳列されている店舗や、また、それらの商品を顧客に積極的に紹介している営業スタッフを目にする機会はほとんどないだろう。

　自動車ディーラーの本部でも、サービス商品やカー用品の販売は重要な売上であると位置づけてはいるものの、営業スタッフの意識が低く、また、ISMやVMD概念が希薄な商品陳列では、売上の拡大は望めないのが実情であろう。

　しかし、コンサルティング販売の店舗にISMの概念を導入することによって、売り物への意識が高まり、全体として売上アップに貢献するという実証結果も確認されており、これまでISMととらえられていなかった商品の売上が上乗せされただけでなく、本来のコンサルティング販売対象商品の売上拡大の効果まで認められている。

　コンサルティング販売（接客）では、顧客との接点をいかに拡大していくかが重要である。顧客の店内での過ごし方を観察し、顧客の興味関心をいち早くキャッチし、ファーストアプローチを仕掛けていくかがポイントになってくるのだが、営業スタッフがISMの概念を持つことでその接点が拡大していくのである。たとえば、車の点検やオイル交換で来店した顧客に対して、サービス商品をはじめ幅広い商品のご案内をきっかけにコミュニケーションを図ることで、新車販売のチャンス（代替ニーズや紹介ニーズ）を見いだし、その結果がコンサルティング販売の高度化につながっていくのである。

　ISMの概念を持つことで、コンサルティング販売が高度化・効率化するという視点もまた、セルフ販売とコンサルティング販売の化学反応のひとつといえよう。

VMDとコンサルティング販売

　ISMの概念とコンサルティング販売の相乗効果がより発揮されるのがVMDの導入である。来店客の入店から退店までの動線において、ISMや重点販売ISMに基づいてVMDを設計し、展開していくことによって、顧客の「店舗の売りモノ」や「おすすめ商品」に対する注目度が高まり、コンサルティング販売の店舗においても顧客の自発的（セルフ的）購入が促進されたり、コンサルティング販売のチャンスも拡大していくのである。

　また、VMDへの取り組みに際しては、プランから実施（POPの作成、設置、VP〈ビジュアルプレゼンテーション〉の企画制作）まで、少なからずスタッフが手間をかけていくことになるが、それがスタッフの売り物に対する意識向上につながり、モチベーションアップに寄与するという副次的な効果もみられたのである。

3 本部と店舗の化学反応

本部と店舗の役割分担

多店舗展開する流通の本部組織と個々の店舗では役割分担を明確化する必要があり、機能的かつ合理的なオペレーションが必要であるが、その関係構築においても化学反応を起こしていくことが望まれる。

店舗ビジネスにみる本部と店舗の役割・機能分担に関しては、一般的には次のように区別される（図6-3）。

図6-3　本部と店舗の役割と機能の分担

本部サイド	店舗サイド
・企画（プランニング）	・実行（アクション）
・全体戦略	・エリア戦略
・ES獲得	・CS獲得
・統一化・標準化　等々	・変化・独自化　等々

ここには相反する要素もあり、役割分担・機能分担を行うなかでシナジー効果、つまりは化学変化を起こし、好循環を築いていかなくてはならないものも多い。

個々の店舗をブランド接点として考えると、顧客のなかに統一的な好イメージの蓄積を図り、ブランドの約束を体現していくべきととらえられ、同じ看板を掲げる以上、どの店舗においても同じサービスレベルを追求していくことが本部サイドとしては重要となる。しかし一方で、商圏ビジネスを行い、「客数×来店頻度×客単価＝売り上げ」の最大化を図っていくために、個店では商圏の顧客に、いかに独自のサービスを提供し、また、世の中や顧客の

変化に対応しながら、飽きられず、鮮度を維持していくかが大きな課題となる。そうしたポイントを考えれば、単なる役割分担・機能分担だけでは解決しえない問題が浮かび上がってくる。

本部戦略とエリア戦略

　店舗は基本的に商圏ビジネスであり、本部戦略とエリア戦略の融合が必要となる。そのためには、本部サイドにおける個店ごとの当該商圏の特性や顧客特性などの現状把握が重要であり、また、本部と店舗の密接なコミュニケーションも必要不可欠となる。
　本部サイドの企画担当者が各個店の状況を把握していなかったり、スーパーバイザーなど本部と店舗の橋渡し役が十分機能していなければ、本部戦略とエリア戦略の間での有益な化学反応は活性化しない。この点では、コンビニエンスストアやスーパーマーケットに学ぶことも多い。
　本部からの推奨ISMは、システムやスーパーバイザーを通じて提供され、POSシステムによる単品管理によりISM、VMDが即時に変更されていく。本部から提供されるISM情報には、商品ごとにCMやキャンペーンの情報も同時に提供されるので、メーカーが行うマスコミュニケーションや消費者キャンペーンとVMDの連動も図れるようになってきている。
　コンビニエンスストアではフランチャイズシステムを採ることから、本部サイドの売りのノウハウ（新たなノウハウの開発）がビジネスの生命線といえる。一方、フランチャイズ形式を採らない流通業においては、収益構造が異なることもあり、ノウハウ開発にはやや遅れを取っている傾向が見受けられる。また、同じ一般流通であっても、専門店、ディスカウントストア、家電量販店、ドラッグストアなどにおいては、本部ISMの最適化、売り場管理のレベル、VMDの精度、店舗レイアウトの効率性、コミュニケーションと店頭プロモーションの連動などの多くの点で、本部戦略とエリア戦略の融合、あるいは本部と店舗間の連携を前提に高度化がめざされるべき活動に遅れがみられる。

そうした世の中や顧客の変化への対応の遅れは、コンサルティング販売をメインとする自動車ディーラー、銀行支店、不動産販売店になるとさらに顕著になる。

コーポレートブランディングとストアブランディング

　ブランディングやブランド経営に注目が集まるようになって久しいが、店舗ファサードのイメージが店舗によってばらばら、看板やカラーが統一されていない店舗を目にすることはほとんどなくなった。店舗は顧客とのブランド接点であり、その重要性が認識されつつあるなかで、VI（ビジュアルアイデンティティー）の統一やサービス提供レベルの標準化が図られているが、そうした活動もまた本部主導で推進されることが多い。

　ブランディングの活動を否定するわけではないが、店舗ビジネスが商圏ビジネスとして成り立っていることを考えれば、店舗ビジネスにおけるブランディングについては、ブランドターゲットに対して行うコーポレートブランディングと、商圏顧客（販売ターゲット）に対して行うストアブランディングという両面の要素を合わせ持つ必要があるのではないだろうか。

　ブランディングという活動は、意思や思い入れを核に、顧客のなかに好ましいイメージを蓄積し、ロイヤルティーの向上を図り、さまざまなブランドパワーの発揮を期待するものであるが、統一性やルールづくりなど、細かなことを規定していく作業が中心となる場合が多い。しかし、規定するという行為自体が、店舗ビジネスに必要な、商圏の特徴をふまえた顧客対応や鮮度維持のための変化対応を難しくしてしまう、というデメリットにつながるケースも多い。

　店舗は、コーポレートブランドであると同時にストアブランドでもあり、ブランディングの規定作業にもある程度個店ごとに自由度を持たせておくことが必要だろう。コンビニエンスストアなどでみられるエリアごとの営業時間の変更、ISMの自由度の拡大といった昨今のトピックスは、コンビニエンスストアにおけるブランディングの方向性の変化を示唆するものともいえ、

新たな化学反応が求められていると考えられよう。

本部から店舗へのESアップ、モチベーションコントロールの重要性

　流通業において、本部から店舗へ提示される戦略は、ISM戦略、プロモーション戦略、顧客戦略などが中心となる。店舗ではそうした戦略をもとにISM、VMD、オペレーションを決定し、目標達成に邁進していくことになる。一方、店舗の中心である店長は、戦略に基づいて店舗スタッフのES、モチベーションをコントロール、マネジメントしていくことになるが、現場でのオペレーションに関しては店長任せにしてしまうケースがほとんどであろう。

　よく「店長が代われば売り上げが変わる」といわれるように、店長の役割は多岐にわたり、店長のマーケティング能力、マネジメント能力の差により売り上げが左右されるのは事実だろう。しかし、であるからこそ、本部から店舗へのノウハウ提供はもちろん、本部から店舗へのESアップ施策、モチベーションコントロール施策の展開も非常に重要なテーマなのである。

店舗の顧客と本部の顧客

　一般的に、流通本部が店舗の顧客と直接の接点を持つことは少ないであろう。流通本部と顧客との接点は、顧客相談室であったり、ウエブサイトであったり、店頭でのアンケートなど限られたものとなる。しかし、本部が顧客の声を拾い上げる活動は、本部と店舗の間の化学反応を促進するために最も重要であり、すべての店舗の顧客が本部の顧客でもあることを強く意識することが必要である。

　本部が顧客と接触を持つのは、戦略構築や企画立案のための顧客インタビュー調査やCS調査の際に限られ、個々の顧客への接触は店舗の仕事であるというのは、やはり偏った考え方といえる。顧客にとって、店舗スタッフや店

長とコミュニケーションを図ることは当たり前のことだが、社長名で上顧客にお礼状が届いたりすることは、顧客のロイヤルティーを大きく向上するきっかけともなりうる。顧客は、特別扱いされ、感謝されれば、決して悪い気はしないものである。

4　顧客と店舗の化学反応

イレギュラーオペレーションへの対応

　コーポレートブランディングとストアブランディングの項でも触れたが、店舗づくりは、店舗デザインマニュアル、接客マニュアル、販売マニュアルなどを利用しながら、本部の主導により推進されているものと思われる。
　しかし、デザインマニュアルなどを除いて、店舗ビジネスの現場においてマニュアル通りに実行できるケースは少ないだろう。店舗の状況、顧客の状況は常に変化しており、実際には、雨が降った日の接客、一度にたくさんの顧客が来店したときの接客対応、常連（上顧客）への接客、シミュレーション通りの行動をしない顧客への接客などさまざまなケースが想定される。
　そうした意味で、マニュアル類はいわば「寒くも暑くもなく、晴天の、どちらかといえば店舗が閑散な状態である」ことを前提に作成されるものであり、店舗ビジネスの実際とは乖離が大きいのである。
　店舗において、マニュアルに記されていることをレギュラーオペレーションとするのであれば、現状はイレギュラーオペレーションの連続であるといって過言ではなく、イレギュラーオペレーションの高度化こそが現場において切望されているのである。

来店顧客属性に合わせた店舗づくり

　店舗ビジネスの場合、ブランドターゲットと商圏のマーケティングターゲットの乖離が起こる。また、来店顧客属性についても、出口調査の結果と店舗スタッフが感覚的にとらえている顧客属性でギャップが生じることが多い。顧客データベースを分析しても同様の結果が示され、来店客属性と購入

経験のある顧客属性は異なるということを理解しておかなくてはならない。

　よくある勘違いがファミリー客の把握である。ファミリー客にもいろいろなタイプがあるが、顧客が小さな子ども連れで来店する場合、子どもの行動はスタッフにとっても気になるものであり、ファミリー客の場合は店内における滞留時間が長くなる傾向がある。実際にはファミリー客が少ないにもかかわらず、滞留時間が長く、子どもの行動が気になるため、店舗スタッフの感覚として、ファミリー客が多いと思い込んでしまうのである。さらに、店内にキッズコーナーなどが設けられていると、そうした勘違いが助長されることも多く、真の顧客属性を見誤る原因ともなる。

　Chapter5でも述べたように、調査などにより来店客属性を正確に計測してみると、実は30代男性のひとり客が最も多く、ファミリー層は10％程度であったといったケースもみられた。そうした勘違い、あるいは先入観については、来店者に対して購入者の割合が低い店舗ほど気をつけなければならない。これは基本中の基本であるが、訪れる顧客の特性を正確に把握することが店舗づくりの第一歩となる。

　ユニバーサルデザインの考え方のもと、だれにも優しい店舗づくりが浸透しつつあるが、来店顧客属性にフィットした店舗づくりを進めることもまた、顧客と店舗の化学反応を促進するために重要なのである。

顧客動線のコントロールによる
情報接触ポイント・接客ポイントの最大化

　セルフ販売においては棚（商品）と顧客の接点の最大化が、コンサルティング販売においてはスタッフと顧客の接点の最大化が売り上げのカギを握る。来店した顧客は、店舗発のさまざまな情報に接触することになるが、顧客の動線が直線的で短ければ、当然什器との接触も減少し、情報接触の機会そのものが少なくなってしまう。

　顧客の購買行動に合わせ利便のよい動線を設計すると同時に、その半面では、顧客の動線をコントロールし、什器、情報ツールとの接触を最大化する

ことが望まれる。これは、顧客の店内滞留時間と売り上げ（客単価）の向上に相関関係が認められるという結果に基づき、セルフ販売を中心に発達してきた考え方であるが、コンサルティング販売の現場でもその応用が進んでいる。

来店した顧客の動線をコントロールするテクニックは、展望ポイントの設計（店舗を見渡せるポイントを設計し、顧客の行動に選択肢と自由度を提供する）や、マグネットポイントの設計（顧客の視線を引きつけるVMD設計）、あるいは店舗スタッフによる誘導などさまざまあるが、これらを駆使することで情報接触ポイントや商品接触ポイントを拡大していくのである。

顧客の来店目的以外の行動を誘発し、店内をくまなく回遊させ、さまざまな情報に接触してもらうことは、セルフ販売であれ、コンサルティング販売であれ、店内でのプロモーションを最大化するだけでなく、お声掛けや接客のきっかけを創出することにもつながる。

顧客による店舗の成長（進化）と顧客のロイヤルティーアップ

店舗づくりの主役は店舗スタッフであるが、顧客の声や意見を反映させていくことが重要であると考えれば、顧客もまた店舗づくりの主役といえよう。店舗づくりに関して顧客に意見を求めるのは、接客対応のレベルであったり、サービスや商品の質であったり、あるいは全体的な満足度であったりするケースは多いが、店舗のレイアウトやVMD、店舗内装デザイン、家具・什器、情報露出（チラシ、ポスター、店内メディア、POPなど）のよしあしに関するものは少ない。

一日、一週間、あるいは一年間で来店する顧客をトータルすればぼう大な数となるが、さまざまな角度から顧客の意見を収集し店舗づくりに反映していくことは、多くの知見の蓄積、ノウハウの蓄積にもつながると思われる。

自分の意見が店舗づくりに反映されれば、顧客自身にも喜ばしく感じていただけることもあろう。店舗づくりに顧客を巻き込むことで、より顧客本位で、より商圏顧客属性に合った店舗づくりが可能になり、顧客のロイヤルテ

ィーアップにもつながるのである。

顧客の声の集め方

　顧客の声の収集方法として一般的なのがアンケートであるが、自分がアンケートに回答する立場になったとき、どのくらいアンケートに協力的といえるだろうか。最近では、ファミリーレストラン、飲食店、スーパーマーケット、アパレルショップなど、ありとあらゆる店舗でアンケートが用意され、協力を求められるが、ロイヤルティーもない店舗に貴重な個人情報を提供したくないというのはごく自然な反応だろう。また、アンケートに協力させられていると感じられてしまっては、逆に顧客満足を下げてしまう結果を招くとも考えられる。

　そうしたことからも、顧客の声の収集方法としては、店舗スタッフが直接おうかがいするインタビュー形式が望ましいと思われる。その際にはもちろん、個人情報に関する注意点など十分な配慮が必要となるが、顧客の声を直接集めるために店舗スタッフが手間ひまをかけることは、顧客を知り、店舗を知る上で大変に有意義なことだと思われる。

Chapter 6

5　顧客と店舗スタッフの化学反応

顧客管理の逆転の発想

　店舗スタッフと顧客の間に形成される信頼関係やロイヤルティーは、店舗スタッフの接客応対のスタンスや販売テクニックによって大きく左右される。いわば個々人の資質による部分が大きく、ポケットノウハウ化している部分でもある。

　コンサルティング販売において、顧客に提供する情報の量と質、コミュニケーションの量と質によって、リピート購入や新規の顧客紹介が促進されていく。これがまさに、商品とともに自分自身を顧客に売り込み、顧客との関係性を最適化することによって起こる良好な化学反応なのである。

　顧客との関係性を深めようとするとき、その基本となるのは、顧客の顔と名前を覚えることである。その上で、より深い顧客情報を収集し整理しながら、潜在ニーズの発掘、そしてタイムリーな提案へとつなげていく。

　ここで必要となるのが顧客管理である。優秀な営業スタッフの場合、800名以上の顧客情報が深いレベルで記憶されていることもあるという。年間100台以上の車を販売するあるスタッフは、800〜1000名の顧客の顔と名前を記憶し、さらには、それぞれの顧客の所有車種の詳細、購入や来店の履歴、顧客の家族構成や住所、職業までも正確に記憶していた。

　彼らの顧客管理手法は、顧客データベースや顧客カルテ（顧客カード）の活用などごく一般的なものであったが、一般の営業スタッフと異なるのは、データベースやカードなどにインプットした顧客情報を定期的にアウトプットし、リマインドする作業を繰り返していることであった。「使える顧客管理」においては、入力よりも定期的出力が重要なポイントになるのかもしれない。

　一方、顧客に自分を覚えてもらうという逆転の発想を活用しているケース

もある。顧客数が増えると、すべての名前や顔を記憶することは難しくなる。
　そこで、顧客を覚えることに集中するのではなく、逆に、顧客に自分を覚えてもらうことに力点を置く営業スタイルが有効となってくるのである。来店顧客から指名を受けることによって、頭のなかのデータベースにスイッチが入り、名前や購入履歴を思い出すようなこともあるだろう。そうしたかたちであっても、その後の接客しだいで、顧客とのよりよい関係を維持することが可能になるのである。

顧客紹介の獲得の科学

　顧客紹介を生み出すためには、紹介をしてくれる顧客の満足度や信頼度が高いレベルにあることが絶対条件となる。顧客が紹介してくれる相手（新規顧客）は、顧客にとっても大切な存在（家族、友人など）であり、少なくとも顧客同等の応対が期待されているはずである。さらに、紹介者自身、店舗のスタッフからも、紹介した相手からも、喜ばれることを期待していると想定される。いずれにしても、店舗スタッフへの信頼、スタッフからの上顧客としての特別扱いが顧客紹介獲得のカギを握ることになる。
　調査でも、多くの営業スタッフから、購入直後の顧客から別の紹介を獲得したという話を聞いた。顧客の満足度は、購入した商品・サービスを手にしたとき、あるいは初めて利用したときに最大化するのだと仮定すれば、自動車販売における納車時、一般流通での退店時がそのタイミングであり、購入直後は顧客紹介を獲得する最大のチャンスとも想定される。「ありがとうございました」に加え、「どなたか、興味ある方がいらっしゃったら、ぜひご紹介ください」と添えるのは、ナチュラルで効果的なセールストークである。

セールストークとコンプライアンス

　販売における顧客とのトラブルを回避するため、商談スタイルの見直し、

正確で分かりやすい商品説明を行う旨、アカウンタビリティーの強化、コンプライアンスの強化が重視されている。特に、金融、不動産、自動車など複雑かつ高額な商品を取り扱う店舗で重点的に取り組まれている課題である。

　販売の効率化、商談時間の短縮などを重要視する営業スタッフにとって、コンプライアンスを強化するための商品説明は矛盾する取り組みとも理解され、現場においては混乱を招くケースも多いと思われる。しかしながら、それらの両立も決して不可能ではなく、ちょっとした工夫で改善できるケースも多いものと思われる。

Chapter 6
6 コミュニケーションの化学反応

マスコミュニケーションと
店舗コミュニケーションやVMDとの連動

　コミュニケーションといっても、マス広告から、接客時におけるヒューマンコミュニケーションまで幅広い。流通業にとっての広告は、プロモーション告知やブランド広告が中心となり、生活者・消費者はそうした広告に接触した後に店舗に赴く。そして店舗では、プロモーションと連動したVMD、オペレーションが展開され、ブランド広告によるイメージを体験することとなる。

　こうした連動が計算され、実行されていれば相乗効果も期待できるが、前述したように、多岐にわたるコミュニケーションを細部まで連動させていくという観点からみると、化学反応を促す余地はまだまだ残されているように思われる。

　たとえば、接客時のセールストークとマスコミュニケーションの連動、流通が取り扱う商品の広告（メーカーの商品広告）とセールストークの連動など、さまざまな課題が思い浮かんでくる。冒頭でも触れたように、顧客はマスコミュニケーションに接触した後で店舗に赴き、店舗においてマスコミュニケーションと連動したVMD、オペレーションと接触することになる。

　その流れは、たとえば、スーパーのチラシで「卵の特売」の情報を得て、実際に店舗に出かけると「卵の特売コーナー」で卵が大量陳列されており、店員が「広告の商品です！」とオペレーションをしているといった具合であろう。

　そうした事例は、どの店舗でもあたり前に行われていることかもしれないが、街の不動産屋さん、自動車販売店、銀行などではどうだろうか。実は、コンサルティング販売を主とする店舗では、意外とあたり前に思われる連動

が図られておらず、広告をきっかけにして来店した顧客の期待を裏切り、チャンスロスにつながるような事態が懸念されるのである。

コンサルティング販売を行う店舗であっても、そうした連動をきっちりとつくり上げることによって効率化や高度化を実現できることは、いくつかの実証実験で確認されている。

コンサルティング販売における
マスコミュニケーションの役割

コンサルティング販売において、個々の営業スタッフのセールストークには、顧客の状況に合わせ多くのバリエーションが用意されている。マス広告を見て、期待を高めて来店された顧客には、広告で語られていること以外の、顧客本位のベネフィットを訴求し、購入への意思決定を促していくこととなる。

最近は、顧客の商品知識が著しく増大している一方で、情報過多となり、店員からのコンサルティングを求めているといった複雑な状況もみられる。ある家電量販店の営業スタッフは、「テレビ広告で商品のよさをあまねく伝えられてしまうと、セールストークに困ってしまう」、「最近は、お客様から新商品の情報を教えてもらうこともあり、それも、私たちよりも詳しかったりする」と話していた。

そうした状況で、店舗においてコンサルティング販売を行う側が期待するマスコミュニケーションの役割も、大きく変化しつつあり、売り場基点のマスコミュニケーションのあり方を探ることの重要性が、今後はますます拡大していくものと思われる。

営業ツールとバーチャル商品

店舗におけるコミュニケーション媒体として、カタログやチラシなどが思

い浮かぶ。そのほか、各種の販促ツールなどメーカーから提供されるものも多く、取り扱い方は店舗によってさまざまである。大手流通チェーンやコンビニエンスストアなどでは、店舗管理の面から売り場を混乱させる、売り場の統一感を乱すものとして、メーカー支給のツール類を敬遠するケースも多く、メーカーが自社商品の前にPOPを設置してもらうことすら簡単ではないようだ。

　一方、コンサルティング販売においては、販促的なカタログやチラシではなく、バーチャル商品として機能するカタログやチラシには顧客からのニーズが高く、自動車販売店では、カタログを単なる営業ツールではなくバーチャル商品と位置付け、VMD展開することで顧客により多く持ち帰ってもらうことをめざしている。ある販売店では、カタログの消費量に呼応するように、車の販売実績が上がってくるという現象が確認されている。

7 販売の高度化を実現する化学反応7つの法則

科学と化学を顧客起点で掛け合わせる

　いま、あらゆる顧客情報がデータベース化されており、数十万単位の顧客情報を持つお店も多い。現在では、FSPをはじめとする顧客管理システムも日々進歩している。しかし、だからといって、そうしたシステムによってDMの反応率が上がったという話はあまり聞かない。

　先にも述べたように、優秀なセールスマンほど数多くの顧客の名前と顔を覚えており、そこには、データベースにはない「人間関係」がある。販売とはコミュニケーションであり、もっといえば人間関係である。最後に、そのことをふまえ、販売の高度化のための化学反応を起こす7つの法則を、次ページから掲げる。

①価格は売りのファイナルアンサーにはならない！

　たしかに、低価格は魅力的だ。しかし、本当に欲しいモノであればあるほど、「安いから」という理由づけは薄弱になる。たとえば、「映画の日」に劇場に出かけ、安いけれどもおもしろくもない映画を観たときの満足度と、割引のない日に映画を観て感動したときの満足度を比較したら、「それは金額ではない！」という話になるはずだ。価格が回答にはならないとすれば、どうすればよいのか。その問題を考えることが、顧客に近づくための第一歩になる。

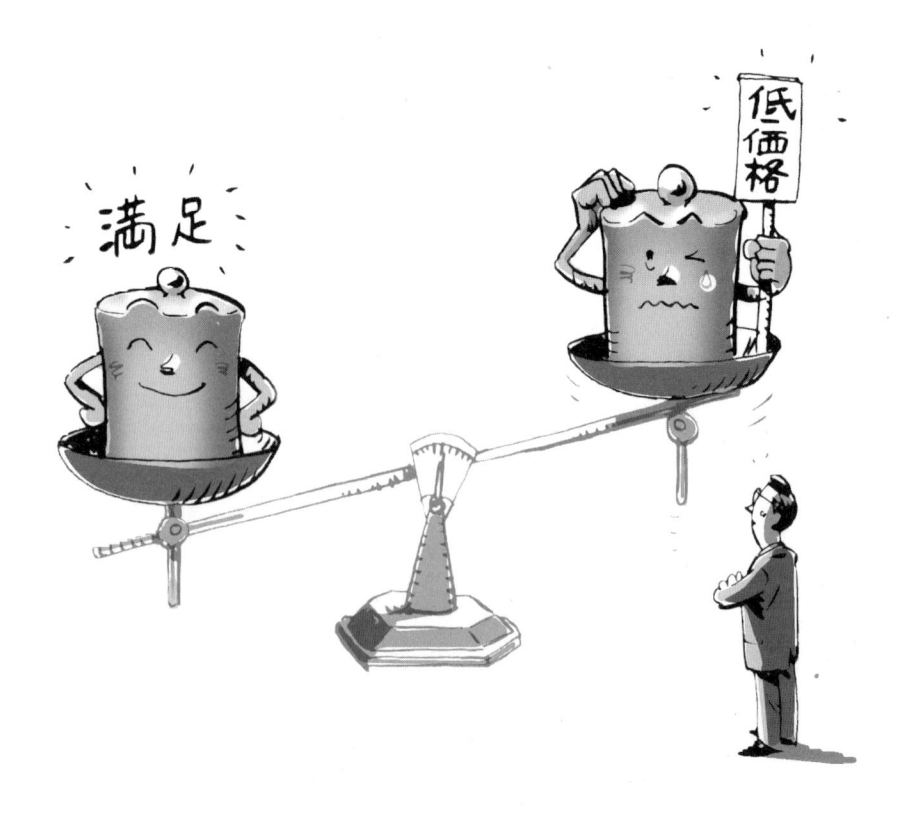

②お店の主役は商品ではなく、お客様である！

　売れ筋の商品をたくさん陳列し、相応の価格で販売すればお店は儲かる、という考え方はもはや通用しない。ネット上にも、もしかしたら隣町の駅前にも、同じようなお店はいくらでもあるからだ。商品の質や機能にとことんこだわるのは販売の基本であるが、その上で、もっとも大切なのはお客様であることを忘れてはいけない。電気屋さんでも、薬屋さんでも、食べ物屋さんでも、第一に考えなければいけないのは商品ではなく、お客様のことなのだ。

③販売は、売りたいヒトと買いたいヒトのコミュニケーションである！

　販売が「モノを売る－モノを買う」という単なる取引だった時代は終わった。モノをただ売るだけなら、よそのお店より安い価格にすればよいだろうが、それだけでは、お客様がもう一度お店に来てくれるかどうかは分からない。いま、販売はコミュニケーションへとシフトし、お客様のニーズを正確にリサーチし、先回りして提案するお店の価値が高まっている。

④インフォメーションとコミュニケーションとはまったく違うものである！

情報化社会といわれて久しいが、販売にとって最も大切なのはインフォメーションではなくコミュニケーションである。顧客基点で考えると、いいたいことをいかに伝えるか（インフォメーション）よりも、お客様が知りたいことをいかに知らせるか（コミュニケーション）が重要なのであり、売る立場ではなく、買う立場から何が必要なのかを考えなければいけない。

⑤接客はイレギュラーの連続、マニュアルを超えた対応に化学反応がある!

　店舗ビジネスにおいて、マニュアル通りに接客がなされるケースはほとんどない。イレギュラーケースの連続のなかで臨機応変が求められ、そこでは店頭マネジメント（フロアマネジメント）がカギになる。「優れた店長がいればそのお店の売り上げが伸びる」といわれることも多く、お客様の見極めと店舗スタッフを知り抜いた店頭マネジメントが求められる。

⑥CSとESを連動させたポジティブなスパイラルから利益が生まれる！

　当然のことだが、「顧客を大切に扱えば、顧客はお店に愛着を感じてさらに買い物をしてくれる。そうなれば、お店は潤い、もっと顧客を大切にする。もしかして、その顧客が新しい顧客を紹介してくれれば、お店はさらに潤うことになる」——そうした好循環を実現させることは、顧客と店舗スタッフの間だけではなく、本部と店舗などのシステムにも関わる重要なポイントである。店舗スタッフのESやモチベーションの的確なコントロールが売り上げに直結することを忘れてはいけない。

⑦**店舗や販促ツールなどのデザインはおもてなしのココロである！**
　店舗（やレイアウト）はもちろんのこと、POPも販促ツールも、お店のなかでお客様の目に触れるあらゆるものは、お客様に対するもてなしの気持ちを表すデザインである。お客様を大切にするということは、清潔で快適な店舗（トイレも）、見やすくてきれいなパンフレットやカタログを揃えることであり、それらの相乗効果として、顧客満足が高まり、商品が売れるのである。

あとがき

　顧客満足（CS）がいわれて久しい。アメリカでは1980年代から、日本でも1990年代には一種の流行ともなり、さまざまな観点から顧客満足度を測る指標が設けられ、いまでも、業態・業種別にランキングが発表されることもある。お客様を大切に扱い顧客満足を獲得することが企業の長期的な利益につながるという考え方は、あらゆる商売（ビジネス）の基本である。
　最近ではさらに、従業員の満足度（ES）がサービスレベルを高め、それが顧客満足度を高めることにつながり、結果的に企業の利益を高めるという連鎖のモデル＝サービスプロフィットチェーンもいわれる。

　しかし、日々繰り返される買い物の現場――売り場で、そうした消費者第一の哲学はどのように機能しているのだろうか。たとえば、次から次へと登場する新製品・新サービスをみると、どの製品が自分にとってもっともフィットするのかを判断することは楽しみでもあり、また、非常にむずかしい作業にもなっている。メーカー側、商品を開発する側による「商品性」向上をめざした努力の一方で、すべての消費者が、多機能や高機能を売りにした商品を求めているわけではなく、適正な機能を適正な価格で求めている人も多いのである。改めていえば、「商品の本当の価値は、使った人それぞれの満足度で決まる」のである。

　そのように考えると、売るための努力――買ってもらうための工夫は、まだまだ足りないように思われる。そもそも、消費という行為は、ある価値を認めた生産（物）に対するお返しであり、次なる生産への期待である。消費と生産とは裏表の関係にあり、消費の満足度が高ければ、それだけ次なる生産への期待も高まり、それがまた、さらなる消費を呼ぶのである。そして、販売こそが消費と生産のよりよい関係を結ぶ媒介であり、環境問題や商品の

安全性、信頼性が厳しく問われる時代にあって、数値に基づいた科学的アプローチだけではなく、心理学的、あるいは五感に拠った科学的な分析や研究が求められてきているのである。
　かつて、冷蔵庫や洗濯機、あるいはテレビを買うことは冒険であり、学習や教育でもあり、明日への活力を生み、新しいライフスタイルを広げるエンジンでもあった。そうした買い物が本来有するダイナミクスとエンタテインメント性を、いつの時代にも失ってはならないと思う。

　　　　　　　　　　　　㈱電通　消費者研究センター局長　上條典夫

電通S.P.A.T.とは

電通S.P.A.T.（Shoppers Promotion And Tactics）は、
生活者の購買プロセスにおける買場インサイト～施策開発までの
効果的かつ革新的なソリューション提案を目指し、
電通内で組織されたタスク・フォースである。

セールスプロモーションの専門集団であるプロモーション営業推進局と
消費者インサイト・消費トレンド分析に取り組む消費者研究センターの
メンバーを中心に構成され、流通分野に見識の深いコンサルタントや
大学教授などの強力な外部ブレーンによってサポートされている。

店頭における消費者の購買行動実態を正確に解明する「調査・分析」から、
課題解決のための「コミュニケーション・プランニング」、
最適な「店頭プロモーション施策」にいたるまで、
幅広い分野に渡って課題解決を図る
購買起点型コミュニケーションの分析～企画～実行部隊である。

●執筆者

（株）電通　プロモーション営業推進局　局長　村井　知哉（むらい・ともや）
（株）電通　消費者研究センター　局長　上條　典夫（かみじょう・のりお）

Chapter1　消費2.0の時代～消費者の実像を探る
（株）電通　消費者研究センター　望月　裕（もちづき・ひろし）
　　　　　（同）　　　　　　　　野村　尚矢（のむら・よしや）
　　　　　（同）　　　　　　　　北風　祐子（きたかぜ・ゆうこ）

Chapter2　購買行動の変化
（株）電通　プロモーション営業推進局　池永　忠裕（いけなが・ただひろ）
　　　　　（同）　　　　　　　　　　有村　武（ありむら・たけし）
　　　　　（同）　　　　　　　　　　石河　景介（いしこ・けいすけ）

Chapter3　情報視点からみる売りのメカニズム
（株）電通　プロモーション営業推進局　清水　真哉（しみず・まさや）

(株)電通　関西本部　インタラクティブ・コミュニケーション局　笠原　滋人（かさはら・しげと）
(株)電通　プロモーション営業推進局　青井　嘉彦（あおい・よしひこ）
　　　　　（同）　　　　　　　　　　土肥　健一郎（どひ・けんいちろう）
　　　　　（同）　　　　　　　　　　波里　淳（はり・あつし）
　　　　　（同）　　　　　　　　　　本間　立平（ほんま・たつへい）
　　　　　（同）　　　　　　　　　　三浦　健太郎（みうら・けんたろう）

Chapter4　購買行動から発想する売り場づくり
(株)電通　プロモーション営業推進局　薄　加奈子（すすき・かなこ）
　　　　　（同）　　　　　　　　　　亀屋　直伸（かめや・なおのぶ）

Chapter5　セルフ販売とコンサルティング販売の融合
Chapter6　Sales　Chemical　Model──「9Cモデル」にみる変革のポイント
(株)電通　消費者研究センター　石合　仁（いしあい・ひとし）
　　　　　（同）　　　　　　　日原　哲男（ひはら・てつお）
　　　　　（同）　　　　　　　鍋島　浩（なべしま・ひろし）
　　　　　（同）　　　　　　　国見　昭仁（くにみ・あきひと）

装丁
(株)電通　プロモーション営業推進局　大野　宏暢（おおの・ひろのぶ）

レイアウト・デザイン
長谷川　弓子（はせがわ・ゆみこ）

ロゴ・デザイン
(有)平田商店　岡田　奈津子（おかだ・なつこ）

イラストレーション
北村　公司（きたむら・こうじ）

協力
(株)電通テック　峯岸　靖明（みねぎし・やすあき）
　　　　同　　　幣　正文（へい・まさふみ）
エスプロデューサーズ(株)　代表取締役社長　　小山　順之（こやま・じゅんし）
　　　　　（同）　　　　　取締役副社長　　　河口　信秀（かわぐち・のぶひで）
　　　　　（同）　　　　　コンサルティング本部　石井　大介（いしい・だいすけ）
(株)アバウト　田中　孝雄（たなか・たかお）

「専門家に聞く」／コラム執筆者のプロフィール

石川　純一（いしかわ・じゅんいち）
流通専門誌「Chain Store Age」編集長。1987年にダイヤモンド社とアメリカ、レブハー・フリードマン社との合弁会社である(株)ダイヤモンド・フリードマン社入社。2002年1月から現職。「Chain Store Age」はアメリカで最も歴史の古いチェーンストア経営層のための総合流通専門誌で、日本版は1970年5月に創刊された。

渡辺　隆之（わたなべ・たかゆき）
創価大学経営学部教授。マーケティング・流通論等を担当。(株)イトーヨーカ堂を経て、1997年(財)流通経済研究所入所。2002年、学習院大学大学院経営学研究科博士課程修了。(財)流通経済研究所主席研究員、理事を経て、2003年より現職。著書に『店舗内購買行動とマーケティング適応』(千倉書房、2000年) などがある。

日野　眞克（ひの・まさかつ）
メーカー・卸売業・小売企業の研究団体、(株)ニュー・フォーマット研究所主宰。(株)商業界の『月刊販売革新』編集記者を経て、(株)ニュー・フォーマット研究所を設立。21世紀に通用する流通システムの構築をめざして、流通専門誌『月刊マーチャンダイジング』を創刊。

清須美　匡洋（きよすみ・まさひろ）
九州大学大学院　芸術工学研究院教授 (応用情報部門)。1981年、(株)GK設計 (建築部) 入社。1987年、(株)ディーシー設立 (取締役)。1993年、(株)ディーシーアイ設立 (代表取締役)。2005年、九州大学に着任、現在にいたる。

池本　正義（いけもと・まさよし）
(株)M.Iインターナショナル代表取締役。(財)流通経済研究所顧問。1963年に(財)流通経済研究所設立に参加、(株)イトーヨーカ堂勤務を経て、1980年に(株)M.Iインターナショナルを設立、現在にいたる。1965年以来、年の半分をアメリカで過ごし、流通の変遷を研究。流通業、メーカーのコンサルティングを行う。主な著書に『小売業の女性戦略』(日本経済新聞社、1984年)、『大激震のアメリカ流通業』(実業之日本社、1991年)、『アメリカ巨大小売業が日本を呑み込む』(実業之日本社、1998年) などがある。

得平　司（とくひら・つかさ）
流通戦略、営業戦略コンサルタント。(有)フィック代表。販売能率増進本部に入社後、同本部指導部長を経て、(有)フィック設立。家電量販企業大手各社、大手家電メーカー各社への教育、指導、コンサルティングの実績多数。主な著書に『街と店からは時代を読む』(同文館出版、1989年) などがある。

徳倉　英雄（とくくら・ひでお）
(株)あらた専務執行役員マーケティング部長。(株)インストアマーケティング代表取締役。1977年4月、徳倉共和物産(株)(徳倉(株))入社。1998年4月、徳倉(株)代表取締役に就任。2002年7月、(株)あらた取締役理事に就任。2007年4月、同社専務執行役員就任 (現任)。また、2001年4月、広告と販促キャンペーンのシナジー効果 (同期効果) に着目し、卸による販促会社RMS四国を設立している。

宇都宮　吉宏（うつのみや・よしひろ）
(株)ビジュアルソウケン代表取締役。凸版印刷(株)アイデアセンター等を経て、1991年、(株)ビジュアルソウケンを設立。メーカーおよび流通に対する「経営戦略や事業計画、施設開発・運営に関するコンサルティング業務」、「新業態開発や営業計画、販売促進、店舗運営に関するマーケティングやプランニング実務」を行う。主な著書に『流通決戦～生き残るための知的情報戦略のすべて』(冬青社、1994年) などがある。

買いたい空気のつくり方
How to Create an Atmosphere to Make You Feel Like Buying

2007年5月31日　第1刷発行
2007年6月26日　第2刷発行

編　著──電通S.P.A.T.チーム
発　売──ダイヤモンド社
　　　　　〒150-8409　東京都渋谷区神宮前6-12-17
　　　　　http://www.diamond.co.jp/
　　　　　販売　TEL／03-5778-7240
発行所──ダイヤモンド・フリードマン社
　　　　　〒105-0001　東京都港区虎ノ門2-3-20　虎ノ門YHKビル7F
　　　　　http://www.diamond-friedman.co.jp
　　　　　編集　TEL／03-3504-6766
装丁────大野宏暢
表紙・本文デザイン　　長谷川弓子
製作・印刷・製本　　ダイヤモンド・グラフィック社

©2007　DENTSU INC.
ISBN 978-4-478-09001-5
落丁・乱丁本はお手数ですが小社営業局宛にお送りください。送料小社負担にてお取替えいただきます。ただし、古書店で購入されたものについてはお取替えできません。無断転載・複製を禁ず。
Printed in Japan